新工科背景下大学生创新创业教育及其融合递进支持体系的探索与实践

李春江　著

中国纺织出版社有限公司

图书在版编目(CIP)数据

新工科背景下大学生创新创业教育及其融合递进支持体系的探索与实践 / 李春江著. -- 北京:中国纺织出版社有限公司,2021.9

ISBN 978-7-5180-8676-4

Ⅰ. ①新… Ⅱ. ①李… Ⅲ. ①大学生—创业—研究 Ⅳ. ①G647.38

中国版本图书馆 CIP 数据核字(2021)第131691号

责任编辑:韩 婧　　责任校对:楼旭红　　责任印制:储志伟

中国纺织出版社有限公司出版发行
地址:北京市朝阳区百子湾东里 A407 号楼　邮政编码:100124
销售电话:010—67004422　传真:010—87155801
http://www.c-textilep.com
中国纺织出版社天猫旗舰店
官方微博 http://weibo.com/2119887771
三河市宏盛印务有限公司印刷　各地新华书店经销
2021 年 9 月第 1 版第 1 次印刷
开本:710×1000　1/16　印张:11.5
字数:192 千字　定价:88.00 元

编 委 会

主　　编　李春江（原佳木斯大学副校长、现牡丹江师范学院院长、教授、博士后）

副 主 编　王欣欣（佳木斯大学团委书记、讲师、在读博士）

马晓君（佳木斯大学教务处副处长、副教授、博士）

阎瑞华（佳木斯大学教育科学学院教师、教授）

参编人员　张　则（佳木斯大学经济与管理学院教师、高级实验师、硕士）

前言

国家重大战略和需求是工程教育改革创新的重要起点。支撑服务产业转型升级和经济发展动能转换，适应以“新技术、新产品、新业态和新模式”为特点的新经济，迫切需要深化高等工程教育改革，认真履行好高等教育在人才培养、科学研究、社会服务、文化传承创新、国际交流合作中的职责使命，进一步增强使命担当，承担起实现中华民族伟大复兴中国梦的历史使命。新经济的发展对传统工程专业人才培养提出了挑战。相对于传统的工科人才，未来新兴产业和新经济需要的是工程实践能力强、创新能力强、具备国际竞争力的高素质复合型“新工科”人才，他们不仅在某一学科专业上学业精深，而且还应具有“学科交叉融合”的特征；他们不仅能运用所掌握的知识去解决现有的问题，也有能力学习新知识、新技术去解决未来发展出现的问题，对未来技术和产业起到引领作用；他们不仅在技术上优秀，同时懂得经济、社会和管理，兼具良好的人文素养。可以说，新经济对人才提出的新的目标定位与需求为“新工科”提供了契机，新经济的发展呼唤“新工科”。2017 年，教育部启动了“新工科”发展研究工作，加快建设新工科，主动面向未来，适应和引领新经济。于 2 月 18 日在复旦大学召开高等工程教育发展战略研讨会，形成了新工科建设“复旦共识”；4 月 8 日在天津大学召开新工科建设研讨会，提出“天大行动计划”，明确了“新工科建设路线图”；6 月 9 日，教育部在北京召开新工科研究与实践专家组成立暨第一次工作会议，全面启动、系统部署新工科建设，审议通过《新工科研究与实践项目指南》（即“北京指南”）。从“复旦共识”到“天大行动计划”，再到“北京指南”，构成了新工科建设的“三部曲”，奏响了人才培育主旋律，开辟了工程教育改革新路径。

党的十八大以来，以习近平同志为核心的党中央提出全面实施创新驱动发展战略，科技支撑供给侧结构性改革与创新创业的深度融合，培育经济社会发展新动能。2015 年，李克强总理提出“大众创业、万众创新”，《国务院关于大力推进大众创业万众创新若干政策措施的意见》，大学生创新创业正是在这一背景下提出的，是为贯彻落实习近平总书记提出的“三个面向”和“四个率先”的要求，服务国民经济主战场的一项重要举措。教育部高等教育司司长张大良认为，创新创业人才培养是高等教育的重要使命，大学生是创新创业的有生力量，高校是培养创新创业人才的基地。伴随着德国工业 4.0 的提出，2015 年第十二届全国人民代表大会第三次会议和政协第十二届全国委员会第三次会议（下简称两会）上国务院总理李克强谈到“中国制造 2025”，“中国制造 2025”是中国由世界制造大国走向世界制造强国的战略部署，是中国工业发展的必经之路，改革开放以来，中国工业得到快速发展，形成了完整的工业体系和制造业体系，有利推动了工业自控化、智能化、现代化进程，提升了国家综合实力。《中共中央国务院关于深化教育改革全面推进素质教育的决定》《关于进一步加强高等学校本科教学工作的若干意见》文件精神明确指出，高等工科院校要强化实践教学，提升大学生创新创业能力、实践能力，实践能力是大学生创新创业能力的基础。“中国制造 2025”的实施对工科大学生实践能力提出了更高要求，深化高等教育改革，提升人才培养质量，实现创新实践能力与智能制造深度融合是高等学校面临机遇与挑战。因此，深入探讨研究高等院校新工科大学生创新创业教育对创新人才培养意义重大深远。

本书对新工科背景下大学生创新创业教育及其融合递进支持体系进行了系统理论研究与探索，内容共分为八个部分。绪论主要说明本书的研究背景、研究意义、国内外相关文献综述，以及存在的问题及根源剖析；第一章新工科人才创新能力培养概述，明晰新工科建设背景、方向、内涵，系统分析了校别人才创新能力培养模式及新工科建设的路径与方法；第二章基于新工科人才创新能力培养的问卷调查设计与分析，针对教师、学生、管理者三个层次对大学生创新创业教育进行实证调研；第三章新工科人才创新能力培养的素质培育支持体系，系统分析了大学生创新创业教学素养、培育的条件支持体系；第四章新工科人才创新能力培养的行为培育支持体系，研究了大学生心理素质、团队精神、社会实践及第二课堂对大学生创新创业教育素质的拓展；第五章新工科人才创新能力培养模式探索与实践，主要构建“五位一体”大学生创新创业教育人才培养模式；第六章新工科人才创新能力培养模式的评价体系，主要研究基于以评促学的新工科人才创新能力培养评价范式，新工科背景下大学生创新创业教育条件支持评价体系等；第七章佳木斯大学实行新工科人才创新能力培养优势与特色，给出了佳木斯大学创新创业教育改革的主要成效。

本书由李春江教授任主编，佳木斯大学马晓君、王欣欣、阎瑞华任副主编，张则参编。绪论、第一章、第二章由张则编写，第三章、第四章由王欣欣编写，第五章、第六章、第七章由马晓君编写，全书由李春江、阎瑞华共同统稿。本书承蒙国家第二批新工科研究与实践项目《新工科背景下工科类人才创新创业能力培养的探索与实践》（E－CXCYYR20200921）与黑龙江省高等教育教学改革项目《新工科背景下大学生创新创业教育及其融合递进支持体系的探索与实践》黑龙江省及特色应用型本科示范建设专业集群“双特建设”项目共同资助。在此作者对参与支持本书的人员及主审表示衷心感谢。

本书在编写的过程中，参考了大量学者的专著、论文等相关资料，在此一并致谢，由于编著的时间仓促，且编写人员水平所限，书内难免出现疏漏和错误，敬请专家和读者批评指正。

目　录

绪 论

十九大提出，贯彻新发展理念，构建新发展格局，深入实施新驱动发展战略，适应和引领经济发展的新业态、新模式、新常态，加快建设创新型国家进程。新工科人才创新能力的培养顺应大众创业、万众创新热潮，创新创业港、科技园区、大学生科技创新园区、众创空间等创新创业平台层出不穷，为大学生创新创业提供了实践载体，激发大学生创造活力，提升岗位胜任力与创新创业能力，为经济社会发展提质赋能增效。创新是一个民族发展的不竭动力，创新引领发展，发展驱动创新。深化创新创业教育改革，更好地服务高质量发展和现代化建设。

第四次工业革命已经悄然来袭，新一轮的科技革命和技术革新正在颠覆我们的生活、工作和互相关联方式，各种新兴技术集中出现，涵盖了诸如人工智能、机器人、物联网、无人驾驶技术、3D 打印、纳米技术、材料科学、能源存储、量子计算等诸多领域，尽管很多成果还处于萌芽的初期阶段，但在物理、数字和生物技术的融合发展下，生产、消费、运输与交付体系被重塑。

为深入贯彻全国教育大会精神和《中国教育现代化 2035》要求，落实教育部、工业和信息化部、中国工程院《关于加快建设发展新工科实施卓越工程师教育培养计划 2.0 的意见》，扎实推进新工科建设再深化、再拓展、再突破、再出发，推动高校加快体制机制创新，瞄准世界科技前沿，进军世界科技第一方阵，强化关键技术领域的基础研究，实现原创性成果重大突破，为建设科技强国、教育强国、制造强国、质量强国、数字中国、智慧社会提供人才和智力支持，高等教育使命在肩、任重道远。培养造就一批具有国际视野的科技人才、领军人才、高水平团队势在必行。由此，新工科人才创新创业能力培养对未来高等工程教育的发展至关重要。

第一节 研究背景及意义

创新创业教育成为近年来我国高等教育人才培养改革热点和前沿问题。国务院、教育部、黑龙江省出台了《关于大力推进高等学校创新创业教育和大学生自主创业工作的意见》《国务院关于加快构建大众创业万众创新支撑平台的指导意见》《国务院关于大力推进大众创业万众创新若干政策措施的意见》《国务院办公厅关于深化高等学校创新创业教育改革的实施意见》《国务院办公厅关于发展众创空间推进大众创新创业的指导意见》《黑龙江省人民政府关于促进大学生创新创业的若干意见》等有关大学生创新创业的政策、制度,将创新创业教育作为一种新的理念和模式,并从理念、模式渗透到实践与行动。大学生是富有创新活力、创业潜力的一支生力军,在高等学校开展创新创业教育,是服务创新型国家建设的重大战略举措,是深化高等教育教学改革、培养学生创新精神和实践能力的重要途径,是落实以创业带动就业、促进高校毕业生充分就业的重要措施。

一、研究背景

新经济的发展对传统工程专业人才培养提出了挑战。相对于传统的工科人才,未来新兴产业和新经济需要的是工程实践能力强、创新能力强、具备国际竞争力的高素质复合型新工科人才,他们不仅要在某一学科专业上造诣精深,而且应具有学科交叉融合的特征;他们不仅能运用所掌握的知识去解决现有的问题,也有能力学习新知识、新技术去解决未来发展出现的问题,对未来技术和产业起到引领作用;他们不仅在技术上优秀,同时懂得经济、社会和管理,兼具良好的人文素养。改革开放40多年来,科技革命、技术创新以及各类创新人才的培养牵引驱动国民经济与社会的快速发展,开启了从制造大国走向工业强国的征程。为解决工科人才培养的瓶颈和壁垒,缓解大学生供给侧与供需侧理念性、结构性、适应性等矛盾,新工科、创新创业等教育应运而生。

1998年11月,联合国教科文组织在北京召开了“面向21世纪教育国际研讨会”,会议提出,创业教育作为第三本教育护照,与第一本教育护照学术教育、第二本教育护照职业教育具有同等重要的地位,第三本教育护照更加强调学生的事业心和开拓能力的培养。1990年,中国成为联合国教科文组织的“教育革新与发展服务计划”项目成员国,1991年,国家开展“教育革新与发展服务计划”研讨会议认为:创业教育的目的是“为学生灵活、持续、终身的学习打下基础,侧重于首创精神和冒险精神、侧重于独立工作能力、创业能力及社交和管理技能的培养的一种教育形式”。1995年,全国科学技术大会上,江泽民同志提出:“创新是一个民族进步的灵魂,是国家兴旺发达的不竭动力。”1997年年底,中国科学院向中央提出了建设国家创新体系的报告。其主要内容是三大工程:技术创新工程、211工程和知识创新工程。1998年起,由中央教科所牵头组织,全国20余个省市参加的综合性研究课题“创新教育的研究与实验”开始进行，其目的是研究和解决基础教育如何迎接知识经济时代的挑战，培养中小学生的创新意识、创新精神和创新能力的问题。同年，全国首届创业计划大赛在清华大学举办，标志着国内高校创新创业的开始。2002 年，教育部“创业教育试点工作座谈会”召开，建立了创新创业教育试点，首批推出包括清华大学、中国人民大学等 9 所高校，之后相继举办国家级、省级、校级不同级别、层次的各种大学生创新创业大赛、创新设计大赛等，我国大学生创新创业体系逐渐成熟。2004 年，教育部公布《2002—2007 年教育振兴行动计划》，指出“要加强对学生的就业指导和就业创业教育，推动就业观念的转变”。

2010 年 7 月 19 日，中共中央国务院《关于深化教育改革，全面推进素质教育的决定》中要求，实施素质教育要以培养学生的创新精神和实践能力为重点。同年，教育部下发《关于大力推进高等学校创新创业教育和大学生自主创业工作的意见》，要求各地大力推进创新创业教育，加强创业基地建设，进一步落实和完善大学生自主创业扶持政策，强化创业指导和服务，推动创新创业教育和大学生自主创业工作实现突破性进展。教育部办公厅印发了《关于批准在中国教育电视台设立全国大学生创业教育实习基地的通知》。原教育部部长杜玉波在 2011 年全国教育工作会议上的讲话中指出：“要强化基础、突出实践、重在素质、鼓励创新，支持部分高校探索建立科学基础、实践能力和人文素养融合发展的人才培养模式。”2011 年 3 月 29 日，中国大学生自主创业工作经验交流会暨全球创业周峰会在上海开幕，会议指出创新创业是落实科学发展观、推动经济社会发展和进步的重要途径，有利于扩大就业和增进民众福祉。中国政府历来高度重视自主创业活动，把支持青年特别是大学生创业作为促进就业的重要内容，形成了“政府促进创业、市场驱动创业、学校助推创业、社会扶持创业、个人自主创业”的生动局面，推动实现以创业促增长，以增长促就业，以就业促和谐。

2011 年，由教育部、科技部联合大学生创新创业训练计划启动，构建国家省校三级创新创业训练体系。2012 年教育部印发《关于做好“本科教学工程”国家级大学生创新创业训练计划实施工作的通知》，通过实施国家级大学生创新创业训练计划，促进高等学校转变教育思想观念，改革人才培养模式，强化创新创业能力训练，增强高校学生的创新能力和在创新基础上的创业能力，培养适应创新型国家建设需要的高水平创新人才。同年，教育部办公厅关于印发《普通本科学校创业教育教学基本要求（试行）》的通知中提出，通过创业教育教学，学生掌握创业的基础知识和基本理论，熟悉创业的基本流程和基本方法，了解创业的法律法规和相关政策，激发其创业意识，提高其社会责任感、创新精神和创业能力，促进学生创业就业和全面发展。2013 年，教育部科技司、科技部高新司开展 2013 年度“高校学生科技创业实习基地”（简称“双实双业基地”）申报工作，进一步发挥大学科技园、高新技术产业开发区等科技园区创新资源集聚，创业服务体系完备的优势，引导和帮助高校学生开展创新创业实践，提高高等教育人才培养质量。

2015 年，国务院发布《国务院办公厅关于深化高等学校创新创业教育改革的实施意见》，为加快实施创新驱动发展战略，适应和引领经济发展新常态，顺应网络时代大众创业、万众创新的新趋势，加快发展众创空间等新型创业服务平台，营造良好的创新创业生态环境，激发亿万群众创造活力，打造经济发展新引擎。自 2016 年起，全国创新创业教育课程设置覆盖全国高校所有高校，对全体学生开发开设创新创业教育必修课和选修课，纳入学分管理。改革学籍管理制度，支持创新创业学分转换和学生休学创业。实施大学生创业引领计划，从普及创业教育、加强创业培训、提供创业指导和政策咨询、提供工商登记和银行开户便利、提供项目孵化多渠道资金支持、加强创业公共服务等方面给予扶持，帮助毕业生创业。进一步完善教育部“全国大学生创业服务网”，提供创业项目对接、知识产权交易等服务。

2016 年，教育部正式发布新修订的《普通高等学校学生管理规定》，对弹性学制和休学创业等做出明确规定。“实施弹性学制，放宽学生修业年限，允许调整学业进程、保留学籍休学创新创业”。2017 年，国务院印发《国务院办公厅关于深化产教融合的若干意见》，意见指出：“推动高水平大学加强创新创业人才培养，为学生提供多样化成长路径”。2018 年，出台《教育部工业和信息化部 中国工程院关于加快建设发展新工科实施卓越工程师教育培养计划 2.0 的意见》，意见指出：推动创新创业教育与专业教育紧密结合，注重培养工科学生设计思维、工程思维、批判性思维和数字化思维，提升创新精神、创业意识和创新创业能力。2019 年，教育部印发《深化本科教育教学改革 全面提高人才培养质量》，再次强调“深化创新创业教育改革，提升学生创新能力和创新意识”。2020 年，新工科全面深化。推进实施“复旦共识”“天大行动”“北京指南”，布局建设未来技术学院、现代产业学院、特色化示范性软件学院等，以组织模式创新带动工程教育全方位深层次变革。近年来，高校都十分重视大学生的创新能力培养，十分重视培养学生对多元知识的综合及多元文化的融合能力，运用现代技术手段获取新知识的能力以及把知识转化为实践的能力，党的十八大文件中也多次提到创新教育。

从世界发达国家开展工程教育改革研究与实践的实际情况和国际知名的行业企业对工程人才的需求情况来看,培养具备国际视野、创新创业能力和实践创新能力的工科人才,已成为世界工程教育和行业领域的共识。《工程教育专业认证标准》《普通高等学校本科专业类教学国家质量标准》及新工科理念的践行与实施,为工程教育提供依据。通过一二课堂、课内课外、线上线下、走出去请进来等多元融合的工程教育路径,结合工科学生的地域、文化、专业背景等多因素,因地制宜、因时制宜开展创新创业教育,探索适合本土、本校的新工科人才创新能力培养新模式。

目前,许多高校的大学生创新活动和鼓励机制(如创新学分制、学术科技作品竞赛、创业计划竞赛)蓬勃开展,但也有一些学校的大学生创新活动仅仅停留在表面上的轰轰烈烈,缺乏系统的组织和长期的物质支撑,规模小,分散而不稳定,因而难以获得良好的效果。因此,这就迫切需要我们紧密结合大学生的实际和专业特点,构建大学生的创新能力培养体系。

二、研究意义

创新是一个国家发展的动力,其关键是培养一批掌握现代先进知识,拥有钻研科学精神、竞争意识和创新素质的人才,作为高等教育的重要形式,创新创业教育已经引起世界各国的普遍重视。在高等学校中大力推进创业教育,是建设创新型国家的先决条件和根本保障,是新时代经济和社会发展的需要,是人才培养模式改革的内在要求,是高校职能的使命所在,是创新促进就业的有效途径。积极探索与高校大学生专业背景和人才培养条件相适应的创新创业教育模式,对培养适应未来经济社会发展的创新人才具有重大现实意义。

(一)创新创业教育是新时代经济社会发展的需要

创新创业教育是经济发展转型的必然要求。当前,全球化贸易受到了一些阻碍。贸易保护主义势力的抬头与最近中美之间贸易争端的不断升级,无不突显出关键技术已成为制约我国经济发展与转型的瓶颈,并已经严重影响了我国的出口贸易。另外,我国内需仍然不足。发展创新创业型经济,能够为经济市场注入新的活力,提升消费潜能。因此,我国必须注重经济模式转型升级,发展创新创业型经济,这也是经济发展的必然要求。

创新创业教育是缓解大学生就业压力的需要。随着我国高等院校招生规模的扩大，大学毕业生人数逐年增多，大学生面临的就业压力越来越大。而社会岗位不足致使应届大学毕业生的就业率逐年降低。麦可思公司《2018年大学生就业报告》数据表明，近年来，我国应届大学毕业生就业率呈逐年下降趋势。而大学生的就业率关系着国家的经济发展和社会稳定，因此，转变经济发展模式，建设创业创新型经济，主动创造良好的创业就业环境，有利于保障经济持续良性发展的态势。大学生创业不仅能解决自己的就业问题，也能为社会提供就业岗位，可以在一定程度上缓解社会就业压力，所以说大学生创新创业是缓解大学生就业压力的重要方式之一。

创新创业教育是大学生实现理想抱负的需要。我国经济发展迅速，给大学生的创新创业带来了机遇与挑战，创新创业教育是大学生实现个人理想抱负的重要载体。大学生要树立牢固的信念，并通过不断的学习，提升自身综合素质，投入到创新创业浪潮中，这不仅有助于实现自我人生价值，更能为社会就业和经济发展做出贡献。

随着全球经济增长和产业结构转型及文化创意产业的迅速发展，社会对创新创业教育型人才需求量越来越多。根据国务院办公厅发布的《关于深化产教融合的若干意见》《国家创新驱动发展战略纲要》文件的精神，高校应深化教育改革，加快教育现代化，促进教育链、产业链、创新链的有机融合应用型高校作为创新应用型人才培养的主干，在高校创新创业教育体系中发挥着重要作用。创新创业教育不仅要以市场为导向改革人才培养模式，满足区域产业和经济对应用型人才的需要，更应注重对应用型人才的创新精神和实践能力培养，着力探索与构建全面覆盖、分层次以及与市场相互联系、相互作用、相互支撑的创新创业教育体系，为实现我国到2050年建成世界科技创新强国的“三步走”战略目标添砖加瓦。由此，大学生创新创业能力的培养是大学生教育的一个非常重要的内容，对大学生继续深造和高质量创业就业都具有极其重要的意义。

(二)创新创业教育是人才培养模式改革的内在要求

高等工程教育在高等教育中三分天下有其一，每年高校都有大量具有工程背景的大学生走向社会，有学历、有文凭，但综合素质与创新实践能力有待进一步提升。工科毕业生就业集中在院所、工厂、厂矿等企事业单位，在科技创新发展、驱动社会进步方面起到举足轻重的作用，创新引领社会创业潮流，科技创新成果遍地开花。工科大学生逻辑思维严谨、善于解决复杂工程问题，但在社会管理、项目管理等方面略显不足，面向工科学生开展创新创业教育，可以促进工科大学生全面提升综合素养、拓展思维、开阔视野，必将对其全面发展产生重大影响。因此，工科高校实施创新创业教育是改变人才培养模式、提升学生综合能力、缓解就业压力、促进社会产业和经济发展的内在要求。

有利于人才综合能力的提升。人才是推动创新创业教育的核心要素，是实现建设创新型国家的首要条件。创新创业教育区别于传统的教育教学模式和教学方法，它以培养学生创新精神、探索能力和综合实践能力为重点。创新创业教育除了保证常规性的基础教育以外，还需要通过多渠道搭建多维一体化实践平台，鼓励支持学生参与科研课题项目以及社会实践，调动学生积极性的同时还有益于将课程所学知识付诸实践。在整个创新创业教育人才的培养过程中，以学生的探索学习为主，教师不仅扮演着知识传授的角色，更应是引导团队解决问题能力的领路人，通过这种参与和激励的方式有利于学生创新意识的培养和综合素养的提升。

有利于缓解就业压力。2018 年全国普通高校毕业生人数达到 820 万人，再创历年新高，使创业工作面临更加复杂的形势。大学生是最具活力和创造性的群体，创新创业教育通过发散性思维的训练和参加各类社会实践逐渐培养学生培养创新精神，使学生敢于拼搏，善于发现机会和把握机遇，其中蕴含着巨大的机遇和创业潜能。政府制定了一些优惠政策，加大了对大学生创新创业教育的扶持和引导力度，为大学生创新创业教育营造了良好的环境，为其就业带来更为多样化的选择，在一定程度上能够缓解目前就业压力大的形势。同时，对于学生初创的公司而言，其人力主要以高校学生为主，且规模较小、人员较少，通常公司职员需要身兼数职，从就业层面上讲也有助于大学生快速寻找到适合自己能力特点的职业定位，从而获得全面发展。

有利于社会产业和经济发展。随着科技和经济一体化发展，科技和人才已成为强国的重要战略资源，创新成为政策制定和安排的核心因素。国内各省市大力推动大众创业、万众创新，相继出台政策把创新驱动发展作为优先战略，坚持创新驱动与转型升级相结合、制度创新与科技创新相结合，抢占未来科技和产业竞争的制高点。社会产业和经济的发展进一步扩大了对创新应用型人才的培养需求，人才培养已经不仅局限于在课堂中传道授业，应以市场为导向，满足复杂多变的社会需求。创新创业教育对学生学习方式提出了更高的要求，要求学生能够针对社会需求培养自身创新素质和能力，以便更好地与社会接轨，推动社会产业升级转型，促进社会经济发展。

注重创新创业教育意识的培养，首先要将创业精神提升到为社会创造财富、为社会做贡献和自我价值实现的高度。其次要从观念上改变单纯为准备创业的学生进行创业教育，只对少数人进行创业教育的做法，真正把创业教育作为促进大学生素质全面提高的助推器，从而将创业教育的思想渗透贯穿到高校教育的全过程中去。最后要建立合理的评价制度和激励机制，激发广大师生参与创业教育的热情。

（三）创新创业教育是学校办学路径拓展的需求

充分利用社会资源为大学生创新创业教育提供服务，重视相关师资建设。从目前环境看，我国大学生创新创业教育普遍存在师资环境差、学生有想法却苦于缺乏针对性科学指导、缺乏人际关系和商业网络的社会舞台等现象。一支优秀的师资队伍是培养大学生具有良好创业品质的前提，优秀的导师是高校创新创业教育人才培养的保障。所以在不断加强和改善高校教师队伍建设的同时，要注重开发社会教育资源，聘请创业上有建树，品德高尚、乐于奉献、责任心强的成功企业家来担任大学生创业实践导师，充分利用他们的创新创业教育思想与实践平台，创新教育模式，有计划地分期分批对大学生进行创新创业教育与实践能力培养和教育，只有这样才能保证创新创业教育的有效实施，培养出具有敢于探索、突破常规、勇于创新的复合型人才。可以通过聘请创业上有建树，品德高尚、乐于奉献、责任心强的成功企业家来担任大学生创业实践导师，以结对的形式进行导师与学生的定期交流；校方提供为大学生提供更多的社会实践机会，并由导师带领学生走进企业，体验企业创新创业教育文化内核，感悟成功人士心得，充分调动学生在学习中的主动性、积极性和创造性，使学生从被动接受的教学客体转变为主动参与的实践主体，真正做到学有所得、学有所成和学有所用。

积极搭建平台，重视实践活动，提升大学生创新创业教育实际操作能力。创新创业教育包括让大学生掌握创新创业教育的基本技能、具备职业技术和经营管理能力、具备一定的社会实践能力等。培养大学生创新创业教育能力，实践是关键。只有把课堂教学所学到的文化知识通过形式多样的课外活动，尤其是广泛的社会实践活动，才能使学生的创新创业能力真正得以提高。学校应积极搭建实践活动平台，合理增加实验和实践的时间，培养学生的科研能力和动手能力。一方面，学校要积极创建创业实践基地，为学生提供创业实践的机会。另一方面，要鼓励和引导大学生加入到就近就地的企业中去，使学生得到市场磨炼。可以通过组织开展社会实践竞赛活动，吸引更多的学生去认真思考创新与创业，为更多的创新型人才脱颖而出提供一个广阔的平台。开展研究性学习与创新性实践，建立创新实验室，引导学生自主探索，强化大学生自主创新意识和提高综合能力。组织大学生加入学校科技园区，建立孵化器，从政策、资金上支持学生创业，学用结合，为学生提供了亲身参加创业实践的各种机会，通过不断实践积累丰富的经验，最终实现真正的创新促进就业。

从政策上鼓励、支持和扶助大学生创新创业教育。党的十七大报告指出：提高自主创新能力，建设创新型国家。这是国家发展战略的核心，是提高综合国力的关键。因此，大学生创新创业教育意识与能力的培养，不仅仅是单纯的学校行为，还是政府、社会和学校的共同行为，它的实施是一项系统工程。因此，在强化学校对大学生进行创业教育的同时，还必须加强学校、政府、社会之间的协调和配合，政府与社会应当从各种政策和规定上为大学生创新创业教育提供法律保障和社会支持，真正建构起政府高校社会三位一体的创业教育人才培养共同体。

第二节　国内外相关文献综述

一、国外创业教育发展现状

1919 年美国商人霍勒斯·摩西创立青年商业社，对高中实施商业实践教育，开启了创业教育的先河。1934 年，经济学家熊彼特（Schumpeter）提出了现代意义上的创业概念，把执行一些新的组合称之为创业，执行创业组合的人称为创业者。具体新的组合可以概括为新产品开发、新生产方法、新市场开辟、新的供给源、新的组织形式等。这一阶段创业的内涵、实质不断丰富，将创业概括为一种思维方式和行动模式，其核心要素在于创新。创业精神即创业者在创业的过程中，在强烈的创业热情和动机的驱动下，在混乱无序、变化、不确定的环境中甘冒风险去寻求和把握机会，整合资源并创造价值。

国外高等学校的创业教育始于 20 世纪 40 年代的美国。1947 年，哈佛大学商学院 Myles Mace 教授率先开设《新创企业管理》创业教育课程，这也是世界高等教育创业教育的萌芽，随后近 20 年的时间几乎停滞不前，1968 年，美国开设创业教育课程的高校仅 4 所。20 世纪 70 年代以来，随着国际经济形式的发展变化，以高科技、运行高效、体制灵活、创新发展的中小企业飞速发展壮大，成为世界经济的重要支撑和经济增长点，为社会创造了更多的就业机会。另一方面在美国、英国等国家，创业教育兴起的动因来自高校学生的内生动力，很多大学生想创办自己的企业、想成为企业家等，但大部分学生缺乏创业知识和技能的学习、训练，对创业过程处于茫然状态，学生对创业教育的向往和关注，促使有关创业课程、创业项目融入高校课程体系。

武夷山（1988），在《美国的企业孵化器》一文中对美国企业的孵化器进行了研究，阐述了企业孵化器（Business Incubator）在提供文书业务、行政管理、设施设备、经营技能（包括企业管理、市场开发、会计、财务等）方面支持来加速新兴企业的成长。1989 年，联合国教科文组织在北京召开“面向 21 世纪教育国际研讨会”，并在与会报告《21 世纪的教育哲学》中提出了“事业心和开拓心的教育”的概念，后译成“创业教育”，提出将创业教育为“第三本教育护照”，与学术教育、职业教育具有同等重要的地位和作用，并且随着硅谷等创新研究的出现，创业教育受到世界各国的广泛关注与重视。Bennett（2000）研究发现，在发达国家的创业家中，有更高的创业教育水平易获得更高的成就。Gibb（2002）认为在成为一个创业家前，一个人必须接收到足够的创业教育训练与发展。Hegarty，Jones（2008）提出在高等教育阶段对创业教育的投资最有可能带来长期回报，在具备一定的商业经验后创业教育会产生更加积极的影响。Matlay（2008）指出接受创业教育的人在获得足够的行业企业经验后才能享受创业教育带来的好处。

国外创业教育从萌芽、深化、成型经历了百年风雨，从商业实践教育到经济领域的新组合到高等教育的创业教育，经历了从业余课程到专业教学再到学位教学的过程，从片面的职前训练到系统性教学过程，如今在全球范围内蓬勃发展，在经验丰富的部分国家和地区，创业教育机构、组织纷纷成立，创业教育课程体系日臻完善，相关教学、科研、社会服务水平不断提高，创业教育成效显著、成果丰富。

目前，世界经济日益全球化、一体化，科技进步步伐加速、国际竞争加剧，最近的新冠疫情席卷全球，世界各地的竞争聚焦在创新创业水平上。以创业为特征知识经济时代，创业型人才和人力资源已成为推动经济社会发展的首要战略资源。创业教育作为培养创业型人才的重要举措、迎来了发展的黄金期，成为各国教育改革的重要内容。如今，大多数欧美国家创业教育体系涵盖了创业教育课程、高校创业学专业、创业教育研究机构，基本建立了高校、社区、企业三者之间良性互动的创业教育系统，营造了浓郁的校园创业文化氛围。此外，在创业教育体系不断完善的背景下，许多欧美高校纷纷设立“创业教育中心”，其目的是帮助大学生开发创业思维、激发创业热情、提升创造力以及培养在瞬息万变的社会中捕捉商机的能力。

二、欧美等国家创业教育特色

创业教育理论研究与实践最早兴起美国，美国创业课程的设置、大学创业中心的建立、各种商业计划竞赛、创业基金会的保障支持等为美国创业活动提供了良好的发展环境，极大地推动了美国创业教育的发展，创业课程呈爆发式发展，从2003年开设2200多门创业教育课程到2007年开设5000多门创业教育课程，创业教育在美国得到了快速发展取得了骄人的业绩，培育出了大批具有创新创业能力的人才，推动了整个社会经济和高新技术产业的发展。美国创业教育在课程设置、培养目标等方面具有领导地位，具体可以概括为以下几个方面：一是前瞻性的创业教育理念。二是终身化的创业教育体系。三是立体性的创业支持环境。四是多渠道的创业资金支持。五是系统性的创业课程设置。六是重实践的教育教学方式。七是多功能的创业教育中心。八是高质量的师资团队建设。

作为老牌教育强国，英国很好地践行了创业教育，形成了相对完整的创业教育体系，培养了大批企业人才，自20世纪40年代至80年代早期，英国各界对创业教育未投入更多的关注，国民经济发展的中心在国有企业。1982年，在斯特林大学启动大学生创业项目，标志着英国创业教育开始萌芽，目的解决高校毕业生就业问题，鼓励毕业生当地就业，并为社会创造更多的工作岗位。1987年，英国政府发起“高等教育创业计划”。1997年，发表了《迪尔英报告》，提出了多项高等教育改革的建议，把扩大创业教育、培育创业精神开展教育作为改革的重要内容。1998年，《我们的竞争—建设知识经济》白皮书呼吁英国大学和学院更多地开展创业教育。1999年，英国成立了高校创业教育的管理组织—科学创新中心，从8个中心发展到现在的13个。2004年，成立全国大学生创业委员会。2009年，建成第一个专门用于连接高校创业教育与投资的网站。可以说英国的创业教育经历了为就业而开展功利性创业教育到培养大学生创业精神、创业能力和创业品质的非功利性教育，再到目前的创业文化建设。英国高校创业教育与政府颁布的一系列创业政策息息相关，在内外环境的影响下，创业教育不断发展，为高校创业教育的蓬勃发展奠定了坚实基础。具体可概括为以下几个方面：一是创业教育发展政策环境良好。二是高校自身支持发展创业教育。三是创业教育课程结构的整合性。四是创业教育基础设施建设完备。五是注重创业精神和意识的培养。六是全社会支持创业氛围的营造。

德国是现代大学模式的发源地，其高校创业教育一直走在世界前列，德国高校创业教育的目标是培养大学生创新意识，鼓励大学生创业，为推进企业蓬勃发展做出贡献，经过几十年的发展，德国已基本形成了创业教育政策健全、创业教育课程完善，创业教育管理科学、创业文化浓厚的高校创业教育体系。德国创业教育最早起源于20世纪50年代设立的“模拟公司”。70年代中期，科隆大学开展了德国第一个关于创业教育的研究计划和教学课程。80年代多特蒙德大学设立创业教育研究中心，进行创业教育的研究与教学工作，为创业教育的理论研究提供了平台，有效推动了德国创业教育的发展。90年代受经济、政治因素影响，创业教育得到了政府和大学的进一步重视。1998年德国大学校长会议和全德雇主协会联合发起“独立精神”倡议，呼吁为高校毕业生提供创业环境，让高校成为“创业者的熔炉”，与此同时，创业教育学被纳入德国大学课程，设立创业教育学教授职位。从1999年起，德国在高校推行“生存计划”，用以支持大学生创业教育。2001年和2006年，德国联邦教育和研究部开启了“EXIST Ⅱ”和“EXIST Ⅲ”计划，加大资金投入、扩大网络资助区域，寄希望将创业教育观念根植于大学传统教学文化。德国高校创业教育的特色可以概括为：一是完善的创业政策环境。二是健全的创业教育体系。三是全面的创业课程体系。四是高效的创业实践教学。五是专兼协同的师资队伍。

三、国内创业教育发展现状

创新与创业是21世纪的时代使命。创业教育不仅是创业技能的教育，更是创业思维与创业思想的教育。它能够带动青年就业、创业，从而带动经济发展。因此，创业教育已成为世界各国教育改革的必然趋势，也是我国从教育大国走向教育强国的必由之路。建设创新型国家，推动大众创业、万众创新，需要大量的创新型人才作为支撑，我国的创业教育起步较晚，历经20多年的发展，虽然在政策、教育实践、课程体系、师资队伍、课外实践活动等诸多方面取得了一定成果，但与发达国家和地区相比，我国创业教育尚处于初级阶段，还存在着差距与不足。

我国的创业教育萌芽于1989年联合国教科文组织在北京召开的“面向21世纪教育国际研讨会”。1998年，我国高校取消毕业生工作分配制度后，不少学生希望依靠自主创业解决就业问题。基于此背景，1999年，国家正式提出加强对教师和学生的创业教育，鼓励学生自主创业，从此我国创业教育开始进入发展阶段。1998年清华大学举办“挑战杯”创业大赛，标志着我国高校创业教育自主探索的开始。清华大学也是我国第一所开设创业教育课程的高校，学校在经济管理学院开设了MBA“创新与创业管理方向”课程，面向全校本科生开设“高新技术企业管理”等创业课程。随后,国内高校相继开展创业教育课程的探索与实践。

2000 年,清华大学成立中国创业研究中心,后来成为“全球创业观察”中国大陆地区合作伙伴。同年,西北工业大学面向全校本科生开设“创业学”选修课,浙江工贸职业技术学院面向全院学生开设“就业与创业”必修课。2001 年,北京航空航天大学面向全校本科生开设了“科技创业”公选课,其科技园区和校办产业管理部门为学生创业提供信息、资金、注册等方面的支持。此外,哈尔滨工业大学、武汉大学、复旦大学、天津大学等许多高校也开始对创业教育课程进行自主探索。

2002 年,教育部高教司在清华大学、北京航空航天大学、中国人民大学、上海交通大学、南京经济学院、武汉大学、西安交通大学、西北工业大学、黑龙江大学 9 所高校开展创业教育试点工作。从 2003 年开始,教育部委托北京航空航天大学举办了创业教育骨干教师培训班 5 期,培训骨干教师 600 多人,有力促进了高校创业教育课程的开展。同年原劳动和社会保障部与国际劳工组织合作引进、推广了 SYB(Start Your Business)项目。2005 年,中华全国青年联合会将 KAB(Know About Business)项目引入中国,正式启动了中国大学生 KAB 创业教育项目,并于2006 年在清华大学、中国青年政治学院等6 所院校进行项目试点。并出版了具有我国国情特点的《大学生 KAB 创业基础》教材。

2008 年,教育部批准 30 个创新创业教育人才培养模式实验区建设工作。2010 年,教育部下发《关于大力推进高等学校创新创业教育和大学生自主创业工作的意见》,标志着我国高等学校创新创业教育进入了新的全面发展阶段。2012 年,教育部提出在“十二五”期间实施国家大学生创新创业训练计划,旨在促进高等学校转变教育思想观念,增强高校学生的创新能力和在创新基础上的创业能力。2014 年,达沃斯论坛上,李克强总理公开发出“大众创业、万众创新”的号召。2015 年,《政府工作报告》中,李克强总理指出“推动大众创业、万众创新,扩大就业,增加居民收入”。同年,印发《国务院关于大力推进大众创业万众创新若干政策措施的意见》,为创新创业提供政策指导与全面保障。

2016 年,教育部正式发布新修订的《普通高等学校学生管理规定》,对弹性学制和休学创业等做出明确规定。“实施弹性学制,放宽学生修业年限,允许调整学业进程、保留学籍休学创新创业”。2017 年,国务院印发《国务院办公厅关于深化产教融合的若干意见》,意见指出:推动高水平大学加强创新创业人才培养,为学生提供多样化成长路径。2018 年,出台《教育部 工业和信息化部 中国工程院关于加快建设发展新工科实施卓越工程师教育培养计划 2.0 的意见》,意见指出:推动创新创业教育与专业教育紧密结合,注重培养工科学生设计思维、工程思维、批判性思维和数字化思维,提升创新精神、创业意识和创新创业能力。2019 年,教育部印发《深化本科教育教学改革 全面提高人才培养质量》,再次强调“深化创新创业教育改革,提升学生创新能力和创新意识”。2020 年,新工科全面深化。推进实施“复旦共识”“天大行动”“北京指南”,布局建设未来技术学院、现代产业学院、特色化示范性软件学院等,以组织模式创新带动工程教育全方位深层次变革。

经过 20 多年的发展,越来越多的高校开始重视创业教育,顶层政策框架初步构建,地方政策体系支持加大,教育模式不断完善、课程体系不断健全,创业实践活动日益丰富,有效提升了大学生的创业意识和创业能力。

四、国内创新创业教育研究现状

关于创新创业的内容汗牛充栋,国内最早的文献是胡晓凤,姚文忠,金成林(1989),在《创业教育简论》一文中认为创业教育不能简单被视为一种教育手段和方法,要把创业教育置于教育体系的本质内容或者高端来认识,要把思想教育,尤其是创业意识培养作为创业教育的重要内容。周栋梁(1990),在《省陶研会举办教育综合改革讲习会》一文中,分享了四川教育学院副教授姚文忠报告了“创业教育的理论构造与实践方法”。江苏省创业教育理论与实验课题组,彭钢,陈敬朴(1992),在《来自创业教育的首次报告——继续教育领域实施创业教育项目研究报告》一文中,提出应把“创业教育证书”提高到目前学术性和职业性教育证书所享有的同等地位。毛家瑞,彭钢,陈敬朴(1992),在创业教育的目标、课程及评价一文中,创业教育(enterprise education)是一个新的教育理论研究和实践领域,提出的创业教育目标、课程体系等至今仍有借鉴意义,从某种意义上来讲,毛家瑞对创业教育的研究具有引领和示范作用。马维娜(1993),在《创业教育课程内容介绍》一文中研究了创业教育目标的依据以及课程内容应具备知识与能力、技能与素养、理论与实际三个相统一,创业教育课程以谋生、谋业、创业为目标,引导受教者解决各种实际问题。毛家瑞(1995),在《从创业教育研究到创业教育工程》一文中,指出从 1990 年起,创业教育的理论与实验研究,被列为国家教委“八五”教育科学规划项目和江苏省哲学社会科学“八五”规划重点科研项目。毛家瑞,彭钢(1996),在《“创业教育的理论与实验” 课题研究报告》一文中,构建了创业教育的理论模型、创业的基本素质模型、创业实践活动模型、创业教育的实施模式。杨治升(1997),在《试论劳动教育课对师范大学生创业精神的培养》一文中认为,坚持上好劳动教育课,能有效地培养师范大学生逐步树立艰苦奋斗、勤俭创业的精神。赵珏,毛建国(1998),在《时代呼唤创业型人才》一文中指出"通过自主创业、自谋职业,在任何岗位上诚实劳动取得合法收入,就算就业"的新的就业观。突出创造精神的培养,加大创业教育在教学中的比重,努力拓展职业学校培养目标的内涵,造就具有创造精神和创业能力的开创型人才。邸承奎(1999),在《高校实施创业教育的必要性》一文中提出,高校创业教育,缓解就业供需矛盾,以便培养适应21世纪需要的创业人才。刘鉴农(1999),在《积极开展创业指导》一文中,提出创业指导是为了促进青年创业而进行的教育和咨询服务活动。是职业指导的继续和发展。其任务是培养青年创业精神,帮助青年学会创业本领,引导青年落实创业行动。以上阶段的研究主要在创业教育的意义、创业教育课程设置、如何在继续教育领域实施创业教育、创业教育与素质的关系等研究与实践。

曹东武(2000),在《如何推进创新与创业教育》一文中认为,推进创新与创业教育的基础是抓好课程和教材的开发,推进创新与创业教育的重点在于提高课堂教学质量,推行创新与创业教育的难点是培养学生的非智力因素,推进创新与创业教育的保证是建设一支高素质教师队伍。刘萍(2001),在《谈高校创新创业人才的培养》一文中提出,高校必须尽快消除教师思想上的束缚,加快教学改革,努力为创新、创业人才的培养提供良好的环境,以灵活多样的教学手段引导学生敢于探索、敢于尝试。郭必裕(2002),在《开展创新教育是培育创业人才的基础》一文中提出,创新是创业的基础,创新是创业人才必备的素质,在创新教育中培养创业人才的基本方法。张树军,刘泰强,郝培峰(2003),在《创新创业教育培养模式探讨》一文中,对高等学校如何完成学生创新精神和实践能力的培养做了进一步探讨,特别是针对学生拓宽基础,强化实践,培养学生创新能力做了进一步的论述。罗锡文,崔大方,姜庭红(2004),在《加强实践教学基地建设提高现代农业创新创业教育水平》一文中指出,21世纪我国农业现代化对高等农林教育提出了新要求,培养具有创新精神和实践能力的德、智、体全面发展的社会需要的高等专门人才,而教学实践基地建设对实现这一任务具有重要的意义。陈春意(2005),在《创业教育是高校培养创新人才的有效途径》一文中,通过对创业教育在高校存在的问题进行分析,论述了在高等教育大众化的前提下,开展创业教育,有利于扩大学生就业,有利于知识向经济的转化。张曙,卫汉华,朱锦标(2005),在《中国创新与创业教育的国际化和本土化》一文中指出,中国的制造产业要从低层次的世界车间提升为真正的世界工厂，必须要培养大批企业家，把原设备生产转型到原设计生产，建立本土的产品创新企业。周红令(2006)，在《大学生创新能力的瓶颈与突破》一文中，从高校的教育理念、创业教育以及德育工作三个方面探寻提升大学生创新能力的途径。张进(2006)，在《关于高等院校构建创新创业人才培养体系的思考》一文中，提出培养大学生的创新创业能力，在思想认识、宏观指向层面，必须进一步更新教育理念；在微观领域、实践操作层面，需要围绕人才培养模式的优化，着力推进四方面改革。李敏义(2007)，在《创业教育与创新型人才培养》一文中，提出贾昂创业思想应纳入教育内容之中。席升阳(2007)，在《我国大学创业教育的理论与实践研究》一文中指出，中国的大学应通过课程的综合化、知识的资本化、大学的创业化来构建创业型大学的教育平台，取得创业型大学的市场认可，实现创业型大学的梦想。吴敏生(2008)，在《创业、创意和大学教育创新》一文中，提出树立创业型大学办学理念，推进教育创新。活跃大学创意设计，培育创新文化土壤。谢小萌，孙伟(2009)，在《论实现人的全面发展的新途径——素质教育、创新教育与创业教育的结合》一文中，提出实现人的全面发展是我国教育目的的总体要求，是当前课程改革关注的焦点所在。素质教育、创新教育与创业教育的有效结合是实现人的全面发展的新途径。金辉(2009)，在《解读美国硅谷地区高校的创新创业教》一文中，结合出国研修的亲身体验，从办学理念、产学研机制、人才培养模式、创新创业成果转化机制以及教育环境等方面阐述美国硅谷地区高校创新创业教育的内涵。以上阶段的研究学者开始关注创新创业教育的可持续发展，探索包括创新创业文化、创新创业体制机制、创新创业实施方法路径、创新创业内涵的深化、创业课程体系的构建以及校企合作、产学研一体等人才培养模式探索。

董世洪，龚山平(2010)，在《社会参与：构建开放性的大学创新创业教育模式》一文中，着力构建一个高校、政府、企业合理分工、良性互动的机制，形成社会参与的具有高度开放性的创新创业教育模式。刘艳(2010)，在《瓶颈与突破：大学生创新创业教育内容新探》一文中，指出内容目标模糊是目前我国大学生创新创业教育的瓶颈。应把“创新创业能力培养”作为我国创新创业教育的内容目标，创新创业能力创新创业教育应围绕包括意识层面的能力和实践层面的能力两部分展开。曹剑辉，周合兵，罗一帆(2010)，在《大学生创新创业教育模式》一文中，构建以政府为主导者，高校为主要承担者，企业为参与者的服务管理模式。形成创新、创业一体化的人才培养新机制，形成良好的文化氛围和人才成长的土壤，培养具有创新创业能力的复合型人才。王秀敏，梁丽，陈骅(2011)，在《以产

学研活动为载体 培养创新创业人才》一文中，通过以产学研活动为载体，探索校企合作的办学模式和学业、行业、就业、创业联动的人才培养模式，不断完善创业就业体系，增强大学生的就业竞争力；并以就业为导向，建立连续的人才培养体系。曹扬，邹云龙（2012），在《经济发展方式转变背景下的大学生创业与创新创业教育》一文中，认为社会对知识不能充分利用的原因在于“资源驱动”的经济发展方式，进一步指出经济发展方式转变的方向是“创新驱动”。符惠明，朱飞，秦永和（2013），在《开阔视野 探索创业教育协同创新模式》一文中，以江南大学为例，开阔创业教育视野、拓宽创业教育思路，依托大学科技园和地方科教产业园，形成了基于专业的“三区联动互助型”创业教育的协同。肖贵平，郑宝东，庞杰（2014），在《基于产学研用结合的应用型创新创业人才培养模式的探索与实践——以福建农林大学为例》一文中，从分析产学研用结合创新创业人才培养的内涵，加强校企合作，创建各类竞赛、实验训练、科研训练、产业实践“四位一体”的实践教学载体等方面入手，全面探索适宜的应用型创新创业人才培养模式。

任少伟，杨建，陈冉（2015），在《协同创新视阙下大学生创新创业教育模式探索与实践》一文中，认为以“师傅带学徒”为培养模式，以“学生社团”为载体，将高校教育与创新创业实践结合起来的协同式学生创新创业教育新模式是培养学生创新创业精神、提升学生创业能力的有效途径。李晓莉，孙勇，杨科飞（2016），在《供给侧结构性改革视阈下的高校创新创业教育研究》一文中，从供给侧结构性改革的视角对当前高校创业教育进行剖析，发现高校创新创业教育体系存在着服务供给体系、专业导向以及课程建设方面依然存在许多问题，针对出现的系列问题从创新创业教育视角对教育供给侧结构性改革提出了推进思路。邵德福，李春江，马晓君（2017），在《地方高校新工科人才创新创业能力培养模式研究》一文中，构建了工科人才创新创业能力培养的课程体系，以及创新创业课程实施路径与方法。马晓君，李春江，宋汉君等（2018），在《地方高校新工科人才创新能力培养策略》一文中，建立以学生为中心，改革教学方式，重构与新工科人才创新创业能力培养的课程体系。以过程为导向，改革考核内容和方式，强化综合能力培养。坚持问题导向，打破学科壁垒，实施学科交叉融合。刘敏，王萍，冯卫红（2019），在山西省高校“互联网＋”大学生创新创业人才培养模式研究研究成果中，构建以“充分挖掘学生创新创业相关潜能，提升创新创业能力”为核心的“互联网＋”大学生创新创业人才培养模式。黄虹（2019），在《民办高校大学生创新创业教育困境和对策》一文中，提出学校重视程度不够、师资力量不够雄厚、学生主动性欠缺、激励机制不成熟、实践支持不足等问题，并采取合理措施加以改善。马晓君，张则，李春江等（2020），在《新工科人才思想引领与创新创业课程体系构建与实施路径》一文中，认为新工科背景下，以思想政治教育为引领，强化工程教育理念，构建思想政治教育与新工科人才创新创业教育课程深度融合的课程体系，培养学生的家国情怀，以过程为导向，改革考核内容和方式，强化综合能力培养，提升学生创新创业能力以及就业质量。陈娟（2020），在《内循环背景下“双创”人才培养模式探析》一文中，提出应开展市场“双创”教育，厚植创新的土壤，创设创新环境与机制，把创新创业教育融入人才培养体系，贯穿人才培养全过程，增强学生的创业意识、创新精神和创造能力，全面提升人才培养质量，为内循环下经济高质量发展提供强有力的智力支持和人才支撑。史达（2021），在《“一带一路”下高校创新创业协同育人机制的探究》一文中，认为高校要不断发展人才培养机制，推动教育建设，多与企业、其他高校合作，实现高校对社会的人才输出。李春江，马晓君，王欣欣（2021），在《地方高校新工科建设的路径与方法探索》一文中，指出高校要坚持面向未来、面向世界、面向产业，完善地方高校新工科人才创新创业能力培养模式，深化高等工程教育的改革与创新，为区域经济发展和产业升级发挥支撑作用。邹春雷（2021），在《植沃土 育工匠 打造双创特色教育——黑龙江职业学院开展大学生创新创业工作纪实》一文中，探索了以“重实践、重品质、重能力”培养塑造人才，形成了“实践能力强、行业品质优、岗位适应快”的人才特色。2010—2021 年，这一阶段的研究成果集中在创新创业教育与人才培养相融合、人才培养特色、创新创业教育模式探索与实践、创新创业教育师资队伍建设、创新创业教育课程体系建设等研究。

综上所述，目前我国的创新创业教育还处于起步和探索阶段，理论研究与实践探索还需进一步深入，研究范式还需进一步更新，实现从定性研究到定量研究再到高质量研究，实现创新创业教育错位发展、特色发展、高质量发展。在人才培养中的地位及其融入未形成统一的认识，多数高校将创新创业赛事、活动认为是开展创新创业教育，创新创业教育处于同质化、表面化、标签化、功利化等现象，缺乏系统的研究与实践与相应的支持系统，也有部分高校和研究人员认为开展创新创业教育就是让大学生自己创立公司，甚至鼓励弃学创业，缺乏对创新思维、创业素质、创新技能的系统培养，导致创新创业教育效果不佳，总之，创新创业教育的理论研究、政策推动、实践探索与新时代高等教育高质量发展及社会满意度还存在一定的差距。

第三节　存在的问题及根源剖析

一、主要问题

我国大学毕业生自主创业比例低于发达国家的自主创业比例，自主创业能力也令人担忧。虽然国家出台了一系列配套政策，由于我国应用型高校师资队伍本身科研力量不强，部分区域经济实力弱，缺少发展合作的技术和物质基础，从而影响了高校与企业合力构建多层次产学研合作创新创业教育实践平台的进程。国内部分应用型高校受师资力量所限，创业导师大多来自本校经济类、管理类的专业教师或管理部门和从事学术工作的辅导员。他们一般缺乏创业经验，多数为专职教师，缺少实战经历，造成创新创业教育师资队伍本身不专业。我国应用型高校的课程体系普遍缺乏学科的互补性和教学的综合性，没有把创新、创业的理念融入教学之中。与发达国家相对比较成熟的创新创业教育相比，目前我国应用型高校的创新创业教育仍处于起步和试点阶段，创新创业教育人才培养质量评价体系存在不科学、不完善等问题。

1.资源配置不均衡

许多地方高校工科生源相对而言基础较差，并且相关学科的技术更新速度等较快，对于学生的要求也会更高。工科类的学生的实践能力需要更多的设备及师资力量的投入，而由于各个地方教育资源分配的不均匀及发展状况的不同，而导致许多地区的工科类创新创业人才培养跟不上时代的步伐，无法适应发展需求。创新创业的培养模式不能够完全照搬，需要结合当地当时的实际进行合理模式的选择和资源资金的投入。在资源配备的状况存在的问题的情况下，相关的高校如何有效进行资源的利用提升相关学生的创新能力将成为需要进行考虑的重点内容。也是在新工科背景下落实工科类人才创新创业能力培养和探索实践需要重点考虑的内容。

2.课程体系不完整

相当一部分工科高校在新工科背景之下已经设有比较完善的课程体系，但是课程设置的深度和广度仍然不足。部分教师的教育理念存在误区，只重视培养学生的专业技能，对于学生的创新创业意识的培养欠缺，淡化了相当一部分选修知识和课程的学习，许多高校学生的道德修养、素养及健康的相关知识的关注度明显不足，知识面过于狭窄，对于实际问题的解决和思考能力明显不足。在当前的环境不断改变,对于创新意识和创新能力的提高极为不利。创新创业能力的培养和提高应当全方位入手,重点注重学生思维能力的培养和塑造,而非单方面的技能学习。而目前的课程体系的设置也主要是从片面的技能知识的培养出发,设置的广度和深度都无法适应于人才培养的要求。

3.育人模式不优

工科类的知识的更新和发展速度均较快,培养的模式需要适应时代的工科专业的发展情况。目前而言许多教师缺乏对专业理论和技能的学习,授课的内容也一成不变,与当前的主流技术均有所脱节,当前的教学环节只有简单案例的提供,并不提供实质性的实践教学,企业的需求并不能得到满足。并且由于学生的实训等设备的更新均较慢,实训及实习的方式和手段均较为单一,往往其模式不能够跟上时代的步伐。当前许多工科类的学校并不重视创新创业能力培养的模式创新,拘泥于固有模式,忽视工科类知识和创新创业新情况的发展和进步,从而使得该项培养无法达到其应有的效果。

4.师生素养不强

由于传统的应试教育模式,高校学生往往更重视理论知识的学习,而忽视素质和思维能力的培养,忽视实践能力的提高。创新创业课程的设置就目前于工科类而言相对较少,并且绝大多数由并没有实战经历的教师团队设置课程,缺乏专业团队,内容并不能有效地激发出学生的创新思维。其创新创业教育理念也并没有真正很好与课程进行融入。长期有效的创新创业的机制体制和模式还需要进行开发研究,对于高校师生创新创业素养的培养将需要更长期的培训模式,甚至贯穿于中小学的教育当中。

5.评价体系不完善

高校目前而言并没有专业部门负责创新创业的教育和研究,该项教育也并没有很深入的渗透到教学体系,使得创新创业的实际和教学脱离,有关的质量监管制度以及评价机制也不够完善,使其流于形式。目前对于创新创业能力培养效果的检验大多通过习题测试或者商业计划书的撰写作为考察依据,但实际上该种考察只能反映学生的理论知识学习情况,并不能从整体上反映出学生的创新创业实践能力,而创新创业作为一种对实践要求非常高的课程,该种考评体系显然不能够适应培养和教育的需求和需要。需要进一步完善并订立出更为合理的管理及评价体系。

6.保障机制不健全

部分高校对创新创业政策的支持和完善并没有很好地落实,对于创新创业的人才没有合理的保证和激励机制,存在孵化园和众创空间规模小、运行情况一般的问题。许多合作基地及创业基地较少,建设也不够精准,企业虽然有所建立合作关系,但并未有实际的行动采取,基地仍然处于一种相对闲置的状况。不能让学生很好地参与其中,因而实际应用的积极性及层次性都较低,计划和项目都难以落实。创新创业能力培养对学生所发挥的作用和利处并不能够很好地满足学生的需求,因而也很难使学生对该项教育的重视程度得到提升。

除以上问题外还存在创新创业教育学科专业的归属不明确;双师型师资数量不足;创新创业教育师资队伍实践或者创新素养薄弱;创新实践平台不完善;创新实践教育条件支持保障不足;评价体系不健全等问题。

二.根源剖析

缺乏从专业建设视角对创新创业教育人才培养体系的思考。一些高校创新创业教育在人才培养目标上还停留在片面地引导在校学生开办公司和创业,在教学上还表现在零散地开设与创新创业教育有关的几门课程,在实践上还体现在单一的组织几个竞赛等阶段。产生这些问题的根源在于相关高校没有从创新创业教育的本质出发,没能将创新创业作为一个专业从人才培养模式、课程建设、师资建设、实践训练、平台建设、质量监控与评价等方面进行系统思考,忽视了人才培养的系统性、延续性和可持续发展性。

缺乏系统完备的创新创业教育人才培养模式。人才培养模式是专业建设的根基,关系到怎样培养人。我们所倡导的创新创业教育并不是抛开学科专业教育孤立存在自成体系的,而是要在专业建设的基础上开展创新创业教育,在专业能力的基础上提升创新创业教育能力,在应用型人才培养的基础上发展创新创业教育型人才。然而,有的应用型本科高校开展创新创业教育仅仅是在原有的专业人才培养方案上增加了几门课程而已,无法达到创新创业教育型人才的培养要求,系统构建创新创业教育人才培养新模式十分必要。

缺乏分层分类的创新创业教育人才培养课程体系。课程体系是专业建设的核心,关系到培养什么人。当前高校创新创业教育在课程设置上普遍存在与专业课程脱节,缺乏针对性,不能很好地实现专业教育与创新创业教育有机融合。在课程内容上存在孤立、零散、单一问题,缺乏系统性,不能有效地培养学生的创新创业教育能力。在培养对象上存在面向所有年级学生开设同样的课程,没有考虑学生的兴趣、意愿和参与程度,缺乏层次性,不能满足不同类别学生的多样化需求,不能真正激发学生的创新创业教育热情。

缺乏多层次的创新创业教育人才培养实践体系。实践体系是创新创业教育的重要组成部分,是提高学生创新创业教育能力的有力保障和基本途径。当前有的高校创新创业教育仅仅停留在课堂理论教学上,或是参加各类竞赛上,形式和内容都很单一,很难达到创新创业教育人才培养的目的。缺乏“实验 + 实训、课内 + 课外、项目 + 平台、训练 + 孵化”这种多层次的创新创业教育实践培养体系。

缺乏多维度的创新创业教育人才培养评价指标体系。评价体系是专业建设的质量保障,是人才培养的质量标准。当前多数高校采取的是单纯依靠组织理论考试或者实践考核来评价,这种评价是不科学的、片面的,不能真实反映创新创业教育的质量。因此,需要考虑评价内容的全面性,多维度地建立评价体系,进行全过程的质量监控和评价。

第一章　新工科人才创新能力培养概述

第一节　新工科概述

新一轮科技创新和产业革命正在驱动世界新经济的形成与发展，高等工程教育改革受到空前重视和普遍关注。2017年以来，教育部召开了一系列高等工程教育发展战略研究会，对新时代工程人才培养进行了研讨、论证，形成了新工科研究与实践的“复旦共识”“天大行动”“北京指南”。培养造就一批多样化、创新型卓越工程科技人才，为国家产业发展与工业强国战略提供人才和智力支持。

国家高度重视和支持青年创新创业，大学生青年学子在创新创业教育中增长了才能和智慧。中国发展沿基金会副秘书长、著名经济学家汤敏认为，新时代为创业提供了有利的条件，为融入世界开放创新的大格局提供了有力的保障。当今世界经济的竞争最终归结为人才的竞争，人才的竞争归结为创造力竞争，创业企业成为中国经济的新增长点，对优化社会资源配置、创造社会财富、提供就业机会、促进国家现代化进程等方面起到了重要的作用。为贯彻落实我国提高自主创新能力，建设创新型国家战略，教育部先后出台了一系列政策、措施，用于指导和推动高校创新创业教育工作。

一、新工科提出的背景

第一次工业革命从1760—1840年，由铁路建设和蒸汽机的发明引领人才社会进入了以机械生产的时代。第二次工业革命从19世纪末延续至20世纪初，随着电力和生产线的出现，规模化生产应运而生。第三次工业革命开始于20世纪60年代，这次工业革命以计算机、数字制造为代表，催生了半导体技术、大型计算机、个人计算机和互联网等。第四次工业革命始于本世纪之交，是在数字革命的基础上发展起来的，与前三次工业革命相比，网络无处不在，移动性能大幅提升，传感器体积变得更小、性能更加强大、成本也更低，与此同时，人工智能和机器学习也开始崭露锋芒。2011年德国汉诺威工业展览会上，第一次提出工业4.0概念,系统描绘了全球价值链将发生怎样的变革。2014 年美国麻省理工学院埃里克·布莱恩约弗森(Erik Brynjofsson)和安德鲁·麦卡菲(Andrew McAfee)合著的《第二次工业革命》一书中指出,当今世界正处在一个拐点上,通过发展自动化和前所未有的事物,这些数字技术的影响力将得到全面发挥。当前,基因测序、纳米技术、可再生能源、量子计算,各领域的技术突破风起云涌。这些技术之间相互融合,物理、数字和生物等学科交叉融合,给第四次工业革命带来了前所未有的突破。在这场革命当中,新兴技术和各领域创新成果的传播速度和广度远远超过前几次工业革命。

当前,无论是新经济发展还是新一轮的科技和产业革命,都对高等工程教育的变革提出了新的挑战。新经济条件下,站在国家发展利益上各国发展思路和侧重点有所不同,如工业互联网(美国)、工业 4.0(德国)、中国制造 2025 及"互联网 +"等,均指向产品和服务效率、质量的提升以及成本的降低,都具备共同特征即信息融合和交互(大数据、云服务、信息互联互通等),为产品制造和消费提供指导和便利。因此,工业企业界开始转型,通过改变生产和服务手段提升效益。工业界在新的工业革命技术发展中已走在教育界的前面,专业人才培养要适应新的工业革命需求,紧跟上发展步伐。企业面临转型,教育也同样面临转型。

教育部、人力资源和社会保障部、工业和信息化部印发的《制造业人才发展规划指南》指出,我国制造业人才面临着较大缺口。制造业规模以上企业人力资源总量达 8589 万人,但专业技术人员仅为 809 万人,占比不到 10%,而在装备制造业总规模以上企业人力资源总量达 1794 万人,其中专业技术人才总量近 736 万人,具有本科以上学历者占人才总量不足 1/3。2020 年,我国新一代信息技术产业、电力装备、高档数控机床和机器人、新材料将成为人才缺口最大的几个专业,其中新一代信息技术产业人才缺口将会达到 750 万人。到 2025 年,新一代信息技术产业人才缺口将达到 950 万人,电力装备的人才缺口也将达到 900 多万人。缺人才不只发生在未来,还发生在当下,目前迅猛发展的大数据、物联网、人工智能、网络安全、大健康等新经济领域都出现人才供给不足现象,暴露出我国工程教育与新兴产业和新经济发展有所脱节的短板。

事实上,我国拥有世界上最大规模的工程教育。2016 年,工科本科在校生 538 万人,毕业生 123 万人,专业布点 17037 个,工科在校生约占高等教育在校生总数的 1/3。但是,我国工科人才培养的目标定位不清晰,工科教学理科化,对于通识教育与工程教育、实践教育与实验教学之间的关系和区别存在模糊认识,工程教育与行业企业实际脱节太大，工科学生存在综合素质与知识结构方面的缺陷。目前我国高等院校的毕业生满足不了社会发展的需求。

新经济的发展对传统工程专业人才培养提出了挑战。相对于传统的工科人才，未来新兴产业和新经济需要的是工程实践能力强、创新能力强、具备国际竞争力的高素质复合型“新工科”人才，他们不仅在某一学科专业上学业精深，而且还应具有学科交叉融合的特征；他们不仅能运用所掌握的知识去解决现有的问题，也有能力学习新知识、新技术去解决未来发展出现的问题，对未来技术和产业起到引领作用；他们不仅在技术上优秀，同时懂得经济、社会和管理，兼具良好的人文素养。综上，新时代呼唤高等院校进行一场“能够培养出具有可开拓性、创新能力强、工程实践能力强的毕业生”的教学变革。

国家重大战略和需求是工程教育改革创新的重要起点。支撑服务产业转型升级和经济发展动能转换，适应以“新技术、新产品、新业态和新模式”为特点的新经济，迫切需要深化高等工程教育改革，认真履行好高等教育在人才培养、科学研究、社会服务、文化传承创新、国际交流合作中的职责使命，进一步增强使命担当，承担起实现中华民族伟大复兴中国梦的历史使命。服务国家战略发展新需求需要我们进行高等教育改革。2017 年，教育部高教司经过前期反复的研讨、调研与论证，正式启动了“新工科”计划。

2017 年 2 月 18 日，教育部在复旦大学召开了高等工程教育发展战略研讨会，会上共同探讨了新工科的内涵特征、新工科建设与发展路径，并最终达成了共识。2017 年 4 月 8 日，教育部在天津大学召开新工科建设研讨会，会上提出的“天大行动”，明确的为新工科建设指明了行动路线。2017 年 6 月 9 日，教育部在北京召开新工科研究与实践专家组成立暨第一次动作会议，全面启动新工科工作、系统进行新工科工作的部署。“复旦共识”“天大行动”“北京指南”，共同组成了新工科建设“三部曲”，为我国工程教育改革的开辟探索出一条新路径。根据教育部的要求，工科优势高校、综合类大学、地方应用型高校要积极响应新工科建设，促进新生工科专业建设与发展，国内知名学者发表了大量的关于新工科建设的文章，为新工科教育的开展进行了理论铺垫。

二、新工科未来的方向

国家深入实施创新驱动发展战略，一带一路、中国制造 2025、“互联网 +”等重大战略如火如荼，建设新工科已成为国家提高未来竞争力，引得全球竞争的重要举措，是深化高等工程教育改革、重塑工程教育人才培养范式的重要依托，满足国家经济社会发展的长远需求。新工科的研究与实践，需要打破学科壁垒、打通专业藩篱、打通工程教育的最后一公里，激发学校凝练办学特色与方向、重构人才培养知识体系，能力体系，突出学生中心，面向产业、面向未来构筑政校企三位一体人才培养共同体，深入实施产教协同、产学研用、协同育人，培养具有工程创新能力和适应未来变化能力的工程科技人才。

以新技术、新产业、新业态和新模式为特征的新经济呼唤新工科建设，国家一系列重大战略深入实施呼唤新工科建设，产业转型升级和新旧动能转换呼唤新工科建设，提升国际竞争力和国家硬实力呼唤新工科建设。新工科既包括新的工科专业，又包括工科的新要求。不断探索工程教育的贯通体、交叉体、共同体，布局新兴学科、专业，未来产业行业急需专业，将原有的工科专业赋予新的内涵、提档升级传统工科专业，不断拓展工科专业的内涵打造工程学科专业的升级版，大力培养工程科技创新和产业创新人才，服务产业转型升级，加速国家共工程教育大国走向工程教育强国的进程。

新工科的核心是全面创新我国高等工程教育，新工科建设背景下高等教育改革发展面临机遇与挑战，围绕立德树人、德学兼修，明确学校办学定位，围绕区域产业发展需求布局学科专业、破解学科壁垒、构建校地、校企、校校共同体，推进工程教育教学改革，建立创新型工程人才培养的路径，形成以创新型工程教育理念的新工科人才创新创业能力培养模式，建立工程教育新理念、新模式、新结构、新体系、新质量，开放、包容、重构知识体系是新工科未来的主要发展方向。

第二节　新工科内涵

21 世纪的工程教育正在向跨学科交叉、跨领域、跨国家、跨文化合作转变。未来的工程教育要超越“工程”本身，致力于培养具有全面素质的工程人才，着力推动工程知识、工程技术、工程人才的交流，推动社会各界之间、不同地区之间的合作交流。新工科是以立德树人为引领，以应对变化、塑造未来为建设理念，以继承与创新、交叉融合、协调共享为主要途径，培养未来多元化、创新型卓越工程人才。工科是新工科的本质、新是取向。

一、理念新

钟登华(2017)，在《新工科建设的内涵与行动》一文中提出，新工科是以立德树人为引领，以应对变化、塑造未来为建设理念，以继承与创新、交叉与融合、协调与共享为主要途径，培养未来多元化、创新型卓越工程人才，具有战略型、创新性、系统化、开放式的特征。新工科建设将阶段推进，需要重点把握学与教、实践与创新创业、本土化与国际化三个任务，关键在于实现立法保障、扩大办学自主权、改革教育评价体系三个突破。吴岩（2018），在《新工科：高等工程教育的未来——对高等教育未来的战略思考》一文中指出，新工业革命加速进行，新工科建设势在必行。以新技术、新产业、新业态和新模式为特征的新经济呼唤新工科建设，国家一系列重大战略深入实施呼唤新工科建设，产业转型升级和新旧动能转换呼唤新工科建设，提升国际竞争力和国家硬实力呼唤新工科建设。新工科既包括新的工科专业，又包括工科的新要求。2018 年在第三届中国高等工程教育峰会上，张大良副会长指出，要以更高的站位把握高等工程教育改革发展大势，要以更强的能量服务国家战略和经济社会发展需要，要以更准的定位推进新工科建设和人才培养。邱勇（2018），在《迎接工程教育的新挑战》一文中指出，全球科技进步日新月异，新发现、新技术、新产品、新材料更新换代周期越来越短。同时，越来越复杂的现代工程经常需要跨学科、跨领域、跨文化的解决方案，创新型人才的缺乏已经成为工程科技领域十分突出的问题。2018 年教育部等六部门印发《关于实施基础学科拔尖学生培养计划 2.0 的意见》中提出，引导学生面向国家战略需求、人类未来发展、思想文化创新和基础学科前沿，增强使命责任，激发学术志趣和内在动力。服务国家重大需求，激励学生把自身价值的实现与国家发展紧密联系起来，把远大的理想抱负和所学所思落实到报效国家的实际行动中。李家俊（2020），在《把新工科建设落实到人才培养能力的提升上》一文中指出，新工科建设是教育强国建设的引领力量，是培养面向未来的卓越工程创新人才，其核心点就是提高人才培养能力。

二、结构新

徐飞（2017），在《新工科与学科专业结构调整》一文中指出，作为工程教育的新理念、学科专业的新结构、人才培养的新模式、教育教学的新质量、分类发展的新体系，新兴、新型、新生的“新工科”，是经济社会时代发展所趋，是国家发展战略现实所需，也是高校自身发展使命所求。高校应以适应、引领、交叉、错位为原则，加快学科专业结构调整步伐，构建科学、合理的学科专业结构体系。王斌，高江波，陈晨（2018），在《面向“新工科”大学人才培养的思考》一文中指出，大学进行“新工科”建设，应做到：因需而动构建学科专业新结构；有的放矢优化人才培养新模式；多元多样探索教育教学新方法；面向未来重塑质量评价新机制。杨宗仁(2019),在《“新工科”建设的理念内涵及模式综述》一文中提出,系统阐述“新工科”之新。开放、包容、创新、全过程、综合化及人的全面发展是“新工科”之新理念。“新工科”要构建以专业结构和课程结构为核心的工科新结构。沐光雨,张魁威,周金娉等(2019),在《财经高校新工科专业新结构探究》一文中指出,针对新工科特征给出新工科“新结构”建设的总体思路,以建立专业创新格局,注重学科互融,明确专业特色以及提升学生专业创新能力为发展目标,满足新工科的需求。刘坤,陈通(2020),在《新工科教育治理“五位一体”价值结构析论》一文中提出,工程教育新理念是逻辑起点,学科专业新结构是基本要义,与实践还原、人才培养新模式是创新精要,分类发展新体系是基本方法论,教育教学新质量是标准与目标,共同构成新工科教育治理“五位一体”的价值结构,而贯穿其中的逻辑主线和必然结果是“教育教学的新内容”。贾晓宇(2021),在《“新工科”背景下大学生人文素养培育研究》一文中指出,“新工科”人才培养强调以立德树人为引领,牢记初心、铸魂育人;以跨界融合为途径,多维延伸、实践育人;以区域经济为依托,产教结合、协同育人。“新工科”人才培养是一个系统工程,体现着教育教学的新理念、学科专业的新结构、人才培养的新模式、分类发展的新体系。

三、模式新

张凤宝(2017),在《新工科建设的路径与方法刍论——天津大学的探索与实践》一文中指出,新工科建设须紧紧围绕立德树人的根本要求,更加注重理念引领;面向产业、面向世界、面向未来,构建科学合理的新工科专业结构;以创新创业教育为引领,不断完善新工科人才培养体系;以未来卓越人才标准为依归,不断创新新工科人才培养模式。邵德福,李春江,马晓君(2017),在《地方高校新工科人才创新创业能力培养模式研究》一文中,研究了在新工科背景下地方高校工科人才创新创业培养模式,将思想政治教育与专业教育深度融合,突出工程创新理念,构建了工科人才创新创业能力培养的课程体系,以及创新创业课程实施路径与方法。2018 年 4 月,国际新工科教育研讨会在天津召开,与会代表深入探讨了世界高等工程教育的改革与发展,共同研究面向新工业革命的卓越工程人才培养新理念、新模式。会上形成了《关于成立新工科教育国际联盟的倡议》,与会代表共同签署,集聚全球智慧,共同迎接新工业革命的机遇与挑战。郑文堂(2018),在《立足新时代 努力培养“新工科”人才——北方工业大学培养具有国际竞争力的复合型工程科技人才探索与实践》一文中指出,探索建设树立创新型、综合化、全周期工程教育“新理念”,构建新兴工科和传统工科相结合的学科专业“新结构”，探索本科大学生人才培养的“新模式”。刘泽华，王莉芬，罗筑华等（2019），在《面向新工科的地方高校人才培养模式的实践探索》一文中，以新工科建设为契机，通过主动服务行业与区域经济发展，促进传统工科专业改造升级，打造立体化实践育人平台，搭建新工科建设平台，对不断完善人才培养模式进行了理论探索与实践。吴玲，赵炜华，张永辉等（2020），在《“双创”和“新工科”背景下地方高校校企合作人才培养新模式》一文中认为，通过校企合作进行研究，在校企合作的基础上创立了联合创新实验室。依托创新实验室，提升学生解决复杂工程问题的能力，并在实践中对学生进行检验。邱汉，廖宏辉，林超等（2020），在《新工科教育与创新创业教育融合的高水平工科大学人才培养模式探索》一文中，建立了新工科教育与创新创业教育有机融合人才培养模式。李清富，刘晨辉，王志鹏（2021），在《“新工科”背景下高素质高技能创新型人才培养模式探究》一文中，对高校如何培养高素质高技能的综合性创新人才进行探讨。以现存的教学问题为参照，以培养知识、能力、素质相统一的全面型人才为目标，从创新、实践、学科交叉、环境熏陶几个方面入手，以考核方式变革为导向，探索了适用于新时代高校的高等教育新模式。

四、质量新

沙有闯，袁明磊，李晨诚（2017），在《新工科背景下移动应用开发人才培养与质量保证体系研究》一文中，提出了改进的移动应用开发专业人才培养方案和评价体系。王世斌，李林安，郄海霞等（2018），在2018年全国固体力学学术会议上，研讨交流了《新工科背景下基础力学的发展策略》一文，提出未来新兴产业和新经济的发展需要工程实践能力和创新能力强、具备国际竞争力的高素质复合型“新工科”人才。中国高等工程教育需要应对新经济和新产业，研究新兴工科专业人才培养质量特征，引导新兴工科专业在人才培养模式、课程体系、教学方法、师资队伍、管理体制、支撑环境等方面进行创新，培养未来新兴产业发展需要的工程科技人才。钟瑛，翁伟，肖蕾等（2019），在《面向新工科的“亲产业”计算机类创新人才实践教育体系构建》一文中，提出问题、解决问题、改革思路，使面向新工科的“亲产业”有个性化需求程度及创新要求高，打造具有行业竞争力的工程教育“新质量”，构建一体化实践教学管理平台，加强教学管理与监控，理顺了高校人才培养和产业需求的关系，统筹安排大学四年的教学内容，实验、实训、实习逐步推进，特色明显。胡博（2020），在《“新工科”下高校创新创业人才培养质量提升机制》一文中指出，创新创业人才培养质量提升，需要以产业发展的市场需求为导向，打造“网格化”创新创业教育课程体系；改变单一化师生二元主体关联，形成同区域校政企之间“跨领域”创新创业教育联合师资；创建以新工科专业应用实现为核心、创新创业能力培育为主线、系统解决方案为重点、单元级向具系统级结构发展为突破的创新创业实效平台。邓文娟(2020)，在《新工科人才培养学术标准构建依据与体系框架》一文中，通过研究发现，专业人才培养学术标准的构建要以高等教育质量观、实践价值理论、高等教育标准化为理论依据，以学生为中心、完善教育质量保障体系为价值取向，并在此基础上提出了新工科人才培养学术标准构建框架。范惠明(2021)，在《基于新工科标准的本科工程人才培养质量影响因素调查》一文中，以学生传统课业成绩和新工科标准表现为因变量，基于本科工程人才培养质量影响因素框架，探讨了不同类型课程学分、课堂教学、教师教学、学生自身学习、课堂外学习、同侪等因素对两者的影响及其这些影响的差异性，为进一步提高工科人才培养质量提供了实证依据。

五、体系新

戴亚虹，李宏，邬杨波(2017)，在《新工科背景下“学践研创”四位一体实践教学体系改革》一文中，创新二段式毕业实习、未来 E 星计划、综合竞赛实践模式，建立无线产业众创空间、校企协同实习基地、虚拟企业实验室、创新创业教学中心等平台，形成一套依托政府产业学科优势开展电子信息类创新创业工程人才培养的多层次、模块化、研究性实践教学体系。沈国华，钱巨，陈海燕(2018)，在《“新工科”教育质量评估方法探索》一文中，从评估指标体系模型、支撑材料组织模型，以及二者间的关联关系等方面设计了教育质量评估模型，该模型具有一定通用性，适用于不同专业的质量评估。刘洋，谢胜利，杜玉晓(2018)，在《面向新工科的工业 4.0 实验基地课程体系与平台构建》一文中，提出了一种项目驱动式实验教学新模式，开发了一系列层次化、模块化和系统化的综合实验课程。实践表明，利用工业 4.0 实验基地开展新工科建设，为自动化专业人才培养提供了有效的新途径。刘勇，闫隽(2019)，在《TRIZ 创新方法理论对新工科创新体系建设的影响》一文中，通过将创新方法课程融入课堂中，融入专业课程中，建立了创新方法课程通识选修课、专业课程创新课、课赛一体化机制、科技创新训练营模式等方式，建立了良好的工科创新体系。蒙斌(2019)，在《面向新工科的工程训练体系构建与实施》一文中，重新构建适应不同专业类型专业人才培养，注重跨学科多元化人才培养，以新技术应用能力、工程实践能力和创新能力培养为主的工程训练体系。吴仁华，张积林(2020)，在《地方应用型大学新工科教育体系建设与实践》一文中，围绕课程体系的师生关系转变，将工程领域发展的最新实践成果全面融入应用型人才培养的全过程，形成了“两点突破，三链紧扣，五位一体”的新工科教育体系。以两点突破为目标，推动新工科理念全融入和机制大优化。突破思想制约，突破机制束缚。以三链紧扣为桥梁，桥接新工科由认识论到价值论的转移。理清学校与社会、专业与产业、教师与学生三组关系，以学校—社会关系链、专业—产业联动链、教师—学生互动链为桥梁。以五位一体为支撑，构筑新工科教育实践动态协同系统，通过体制机制创新将新工科理念全面融入学校事业发展。通过抓龙头专业带动构建服务区域产业的专业体系。通过培养目标转化为培养标准构建新工科人才培养体系。按照专业认证标准实现新工科专业评估制度与建设标准相统一。通过深化产教融合加快从服务区域经济向支撑引领并重转变。蒲清平，雷洪鸣，王馨瑶(2021)，在《新发展阶段、新发展理念、新发展格局视域下新工科建设的三重逻辑》一文中，以新发展理念为新工科建设的行动标尺，坚持育人为根本、问题为导向，落实立德树人根本任务，疏通新工科教育教学改革难点堵点；以服务新发展格局为实践路径，强化学科交叉、改进教学方法、融入国际理念，着力培养大批复合型、创新型、国际化新工科人才。胡福文(2021)，在《新工科建设:超越“变而不化”的范式陷阱》一文中认为，新工科是高等工程教育变革发展的新范式。然而，任何教育变革从提出新理念到变革力量集结，到大规模生动实践，都是一个充满挑战、高度复杂的历史征程。机械线性的认识论、方法论及系统观，无法支撑新工科建设的宏大愿景。

第三节　校别人才创新能力培养模式

高校人才培养模式多样化是指各个高校根据自身定位、办学特色和人才培养目标要求，因地制宜构建本校的人才培养模式，将人的全面发展与社会需要有机结合，在培养规格、方案、计划、方式、途径等方面实现人才培养的差别性与殊异性，从而为不同学生个体创造更加适合其自身发展需要的培养模式。人才培养模式多样化强调学生的主体性，教学过程的开放性，质量观的多元化。与传统的单一化、标准化教学模式相比，人才培养模式多样化下的教学过程具有动态性、多样性、特殊性、发展性等特点。人才培养模式多样化要求高校在办学定位、社会需求、学生群体特点等综合条件基础上，最大限度地体现“以人为本”，把促进学生全面发展与社会需求紧密结合，因材施教，体现学生的学习主体性，调动学生学习的主动性、积极性，更加注重创新能力和素质培养。

教育部通过建基地、定标准、抓课程、强师资、推政策、强实践六大举措深化高校创新创业教育改革，教育部高教司司长吴岩强调，通过育人理念、质量标准、教育学的改革，体制机制的创新，技术方法等全面的变革，让“我敢闯、我会创”成为新时代高等教育的新的一种素质教育。下面通过分享国内部分高校创新创业教育人才培养模式，以供读者参考借鉴。

一、一流大学人才创新能力培养模式

高水平人才创新能力培养模式的资料来源于教育部官方网站，检索了15高水平高校的人才创新创业教育人才培养模式，以供读者、相关院校参考借鉴。

华中科技大学深化创新创业教育改革，健全“育人为本、面向全体、融入体系、协同推进”的创新创业教育机制。打通“创意－创新－创业”链条，注重营造学科交叉育人氛围，淡化学科、专业界限，引导学生基于兴趣、志向、特长跨学科开展协同创新实践，推动大学生创新创业实践由“单打独斗”向“团队协同”转变。在全国建立13个瞄准战略新兴产业的工研院，为大学生创业孵化和教师科研成果转化提供产业化配套支持。探索实施“高校与产业贯通，科技与教育结合”的人才培养模式。

浙江大学极探索基于创新的创业教育模式，推动将创新创业教育融入人才培养全过程，构建面向本科优秀学生的“未来企业家培育工程”，建立创新创业学院、创新创业研究院、国家大学科技园、创新创业实验室和紫金创业元空间、IdeaBank创客空间等20余个校内实践教育平台，实施国家、省、校、院“四级”创新创业训练计划，建立未来企业家俱乐部、微创业联盟等创业类学生组织30余个。建设国际联合研发中心、国际技术转移中心、国际科技合作创新联盟等合作基地，联合建立创业孵化平台，让学生创新创业同世界接轨。

北京科技大学打造特色“创新创业分中心”推动“专创融合”。学校围绕拔尖创新创业人才培养，探索构建校院两级创新创业教育体系，在学院层面建设“创新创业分中心”，大力推动“专创融合”，完善“有组织、有基地、有赛事、有教师、有课程、有活动”的“六有”机制，努力将学科优势转化为创新创业教育优势，促进学生成长成才。武汉理工大学实施创新创业“攀登行动”，打造四个创新创业训练计划，着力提升学生创新创业知识、能力、素养和信念。实施唤醒计划，普及创新创业知识。实施筑基计划，加大支持保障力度。实施挑战计划，鼓励参加竞赛锻炼。实施卓越计划，培养优秀创业人才。中国石油大学（北京）全面落实立德树人根本任务，深化创新创业教育综合改革，立足行业特色和学科优势，打造“四全”平台，大力培养石油石化行业领域创新创业人才，积极服务国家能源战略和创新驱动发展战略。

东北大学服务国家创新驱动发展战略，立足培养具有实践能力和创新精神的高层次人才，努力打造集“创意培养 – 创新实践 – 创业孵化”于一体的“三创融合”创新创业教育体系。西安交通大学构建“四个体系”助力大学生创新创业。构建全方位创新创业工作体系，构建系统化创新创业教育体系，构建多元化创新创业实践体系。依托校内外分层次、立体化综合实践平台，引导学生将创新创意转化为创作、创造和创业。形成以“工程坊”、教学实验中心为主体，国家重点实验室为支撑的高水平校内实践育人平台。构建精细化创新创业服务体系。

武汉大学把创新创业教育融入人才培养全过程。以办好创业学院为突破口，与地方政府、行业企业对接，促进师资、课程、项目、平台、政策、资金等要素有机融合，面向全校学生开展创新创业教育。开办自强创业班，做好示范引领。构建依次递进、有机衔接的创新创业教育通识课程体系。整合工程训练中心、大学生创新创业实践中心等平台，建设多元、综合、开放的大学生工程训练与创新创业实践基地。

天津大学“三个融合”深化创新创业教育改革，课程教育与专业教育深度融合、实践教育与企业家精神培育深度融合、校内资源与社会资源深度融合。上海交通大学“三个导向”构建创新创业教育体系。以志趣为导向，创新培养机制、以能力为导向，搭建实践平台、以研究为导向，服务长远战略。四川大学探索“教学 + 扶贫 + 创新创业”模式支教大凉山，一场持续十八年的支教接力。将精准扶贫融入支教。

北京大学全方位构建大学生创新创业生态系统。立足教育，加速创新创业与专业教育相结合、扎根中国，协同推进创业教育与实践孵化、面向国际，积极参与全球创新创业交流、引领未来，探索创新创业教育发展路径。清华大学多措并举扎实推进创新创业教育。深化教育改革，融入人才培养体系、健全工作机制，重视师资队伍建设、搭建多样平台，营造创新创业氛围。

华东师范大学全方位多维度推动创新创业教育改革。打造校级训练体系，提高创新创业教育覆盖率、构建二级管理机制，加强创新创业教育团队建设、研制培养规范，加强创新创业教育课程建设、加强实践基地建设，实施培育孵化一站式服务。南京大学积极探索实施“五四三”双创教育体系，以市场为牵引，以产业需求和人才“双创”需求为导向，整合校内外人才、科研、资金等资源，促进各类创新要素在区域内的流动与优化配置。该体系包括以创新创业课程、讲堂、训练、竞赛、成果孵化为主要内容的“五位一体”教学体系；创新、创意、创造、创业“四创融合”的成果转化、孵化平台；校校协同、校地协同、校企协同的“三个协同”体制机制。吉林大学结合学生创业特质，构建三种创新创业模式——高科技成果转化型、“互联网＋”产业型、公益创业型。厦门大学积极探索“四轮驱动”模式，深入开展大学生创新创业教育改革，不断提高人才培养质量。政策催动，融入人才培养体系，地域联动，打造联合培育平台，兴趣带动，引导学生主动参与。

二、地方高校人才创新能力培养模式

地方高校人才创新能力培养模式的资料来源于教育部官方网站，检索了12所高校的人才创新创业教育人才培养模式，以供读者、相关院校参考借鉴。

中央戏剧学院积极服务国家文化强国战略，主动适应文化创意产业创新发展需求，着力践行新时代艺术院校使命担当，深入推进创新创业教育改革，努力培养高素质文创产业生力军。统筹规划，健全长效机制。与相关行业企业共建“中戏创艺空间”创新创业孵化平台，建立“教学＋培训＋孵化＋资助”“四位一体”的创新创业实践实训模式。优化资源，完善教学体系。重庆大学坚持以推进素质教育为主题，以提高人才培养质量为核心，以创新人才培养机制为重点，深入推进创新创业教育改革，努力培养能够适应和引领未来发展的高素质创新创业人才。探索“竞赛牵引、实训培育、项目孵化”的以赛促创模式。

宁波财经学院全方位多层次推进创新创业教育，学校坚持把创新创业教育作为学校实现特色化发展的重要举措，整合多方资源，创新合作机制，全方位多层次推进创新创业教育改革，深入开展创业型人才培养，努力提升人才培养质量，不断增强服务地方经济社会发展的能力。建立了成立“混合制”特色创业学院，开展创业管理专业教育。构建“3＋1”专创融合教育多层次课程体系，即3年专业教育和1年创业学院教育，面向全校有创业意愿和潜质的学生，注重培养创业实践实战能力，促进“专、创”深度融合。开展以“翻转课堂”为主要形式的课堂教学模式创新，提升创新创业教学水平。校企合作自主研发服务全校、辐射全市大学生的商业模式实验室，并以“商业模式实验室”为载体，校、政、企共同投入，搭建“感知激发、验证修正、实施支持”全链条创业型人才成长实践实战平台。举办年度“双创”博览会，营造创新创业文化氛围。

温州医科大学积极探索基于医学专业的创新创业教育新体系。提倡以岗位创新创业为导向的“新理念”。深化医学专业人才培养模式改革，建立创新创业教育与生物医学工程、眼视光医学、生物制药三个本科专业融合改革试验区。面向全体学生，开设《医学创业基础》《互联网 + 医疗创新创业》《互联网 + 医学检验》等具有医学专业特色的创新创业类线上线下课程群。围绕医学专业特色，依托医学学科平台和医疗资源优势，持续开展结合医学专业特色的慈善公益创业服务活动，拓展基于医学专业特色的公益创业教育新领域。

鲁东大学坚持“三位一体”深化创新创业教育改革。鲁东大学坚持创新引领创业、创业带动就业，通过完善“三个体系”、坚持“四个结合”、搭建“三个平台”，深化创新创业教育改革，促进学生全面发展，努力造就大众创业、万众创新的生力军。完善保障体系、完善教学体系、完善管理体系“三个体系”。坚持与立德树人相结合、坚持与学科专业建设相结合、坚持与课堂教学相结合、坚持与科学研究相结合“四个结合”。搭建育苗平台、搭建竞赛平台、搭建孵化平台三个平台。

宁波大学 10 年探索“融合递进式”创新创业人才培养体系。打造双创人才培养的“宁大样本”。探索出了“顶层设计 + 模块研究”的双创教育理论体系、“全面覆盖 + 分类培养”的双创教育课程体系、“创新驱动 + 分层递进”的双创教育实训体系、“协同融合 + 目标导向”的双创教育评价体系，构建了“产教融合 + 递进培育”的双创教育孵化平台、培育了“专创融通 + 专兼结合”的双创教育师资队伍，走出了一条地方高校创新创业人才“融合递进式”培养的路径。

江西师范大学构建区域特色创新创业教育体系。学校立足区域发展特色，构建融“红色引领、绿色行动、蓝色创新、金色保障”于一体的创新创业教育体系，切实增强学生创新精神、创业意识和创新创业能力。红色引领融入课堂，厚植创新创业人才的精神内核。绿色行动强化实践，建立具有生态文明特色的实践育人模式。蓝色创新贯穿全程，促进创新创业教育与专业教育有机融合。金色保障支撑体系，助力创新创业教育深入开展。

安徽大学多途径促进大学生创新创业。建立“创新思维 – 创新实验 – 创业训练 – 创业实践”阶梯型创新创业教育课程体系。设立人才培养模式创新实验区，建立大学生创业实践基地，与企业共建实习基地。上海理工大学打造创新创业教育升级版。完善顶层设计，打造多层次立体化创新创业教育体系。加强协同育人，补齐创新创业教育培养短板。与行业企业协同，凸显创新创业人才培养的行业需求导向，与区域高校、科研院所协同，打破优质教育资源共享的传统壁垒。拓展孵化平台，助力学生创新创业过程“最后一公里”。构建“1 + N”校内校外孵化平台，打造“互联网 + ”线上线下孵化平台。

广东工业大学坚持创新引领创业、创业带动就业，以创新人才培养机制为重点，促进人才培养与大众创业、万众创新深度融合，积极主动服务地方和区域经济社会发展。改革培养模式，厚植创新创业沃土。把创新创业教育贯穿于人才培养全过程，实施“知识探究、能力培养、价值塑造”三位一体的人才培养模式改革，努力把学生培养成科技拓路人、行业带头人、产业领军人、创业开拓者。强化实践环节，拓展创新创业空间。与地方政府、企业协同共建佛山数控装备研究院、东莞华南设计创新院等多个协同育人平台，在进行科研创新、成果转化、社会服务的同时，为学生创新创业实践提供支撑。提升服务水平，推动创新创业升级。加强政策扶持，为入驻创新创业基地的团队免费提供场地、水电、网络、设施、咨询、培训“六免”创业服务。

温州职业技术学院坚持服务地方发展不动摇，“专业共建－技术研发－创新创业”三位一体，着力培养新技术应用创新创业人才，助推温州产业升级、实现办学质量稳步提升。面向区域支柱产业加强专业建设。积极适应区域产业发展，主动调整专业设置，面向温州已形成的低压电器、泵阀、汽摩配、鞋服等五大支柱产业和十大新兴产业。聚焦区域企业难题搭建服务平台。针对温州企业发展中面临的实际困难，将专业向研发端和培训端延伸，为企业提供技术开发、产品开发、成果转化、项目策划等“立地式”研发服务。着眼区域技术需求培养应用人才。以新技术应用为导向，将研发大楼改造升级为研创大楼，每个研发平台至少对接一个大学生创业团队，以智能化、信息化、时尚创意类项目为重点，成立了40余家创新创业工作室。

吉首大学“三位一体”深化创新创业教育改革。学校坚持教育引导、实践实训、成果孵化“三位一体”，着力把创新创业教育融入人才培养体系，努力培养大众创业、万众创新生力军。抓教育引导，为培养学生创新创业兴趣“播种子”。健全创新创业教育课程体系，面向全体学生开设《创业基础》《创业教育》《大学生创业与人生规划》等20多门课程，纳入学分管理。抓实践实训，为提升学生创新创业能力“搭台子”。依托大学生创新创业训练项目，大力推进创新科技成果转化，依托省级协同创新中心组建3个实验班，建设大学生科技实践中心，已设立18个科技实践创新工作室，创建了大学生创业起点坊，划出专门区域开展商业实践，挂牌经营、统一管理。抓成果孵化，为推动创新创业项目落地“铺路子”。加强与地方政府、企业、行业合作，推动大学生创新创业孵化基地与地方经济技术开发区、高新技术产业开发区、工业园区、科技园区等深度对接，为学生自主创业创造良好的环境，帮助多个学生创业项目成功实现落地转化。

黑龙江大学，融创新创业教育于专业教学。设立专门学分，将创新创业教育与专业培养方案相融合，依托专业课程平台、通识课程平台、辅修课程平台三个平台，将创新创业课程与专业课程教学相融合，搭建创新创业项目训练、创新创业实践基地建设、创新创业竞赛三个载体，将创新创业实践与专业实践教学相融合。

第四节　新工科建设的路径与方法

2017 年 2 月 20 日，教育部发布《教育部高等教育司关于开展新工科研究与实践的通知》，启动“新工科研究与实践”项目。从“复旦共识”到“天大行动”再到“北京指南”，新工科从深化、改革走向成型，“新工科”的研究与实践在全国高校展开，“新工科”的也成为当前工程教育领域的热点话题与研究前沿。新工科理念建设工程教育新理念、新结构、新模式、新质量、新体系。“复旦共识”“天大行动”“北京指南”从成型走向再深化、再部署、再落实，新工科建设背景下，地方高校工程教育改革机遇与挑战并存，强化思想引领，落实立德树人根本任务，明确人才培养类型与规格定位。推进产教研协同育人、政校企协同联动，破解壁垒，面向产业布局与区域经济社会发展需求，深化工程教育教学改革，建立新工科人才培养体系，以创新创业教育为基石，聚焦区域与行业发展，提升人才培养质量。聚焦于如何提高地方高校新工科人才培养能力，围绕如何建设新工科提出具体的路径与方法。

一、将思想政治教育与新工科专业教育深融合

习近平在《全国高校思想政治工作会议》上强调：“高校思想政治工作关系高校培养什么样的人、如何培养人以及为谁培养人这根本问题。要坚持把立德树人作为中心环节，把思想政治工作贯穿教育教学全过程，实现全程育人、全方位育人”“要加强师德师风建设，坚持教书育人相统一，引导广大教师以德立身、以德立学、以德施教”。工程学科开设历史悠久、底蕴深厚，围绕现代新型材料、智能装备、信息技术、大数据、云计算等新兴产业领域，形成了完整的产业群。高校新工科建设坚持正确的导向，以思想教育为引领，将思想政治教育与专业教育深度融合，在办学定位、服务面向、培养方案制定、课程设置、人才培养标准与质量评价标准等方面，强化立德树人的根本任务。将思想政治教育与第二课堂深度融合，深化课堂教学改革，拓展学生的综合能力素质，职业能力，完善第一课堂于第二课堂紧密结合的人才培养体系，开展丰富多彩的课外活动，培养学生的职业

素养、职业能力、创新创业能力、实践能力，树立科学发展观，为高教强国做好人才储备。

二、强化工程教育理念，完善创新创业人才培养模式

以强化创新创业能力意识为核心，构建符合学生认知过程和能力培养需要的“一个目标、二个模块、三个阶段、四种能力”的新工科人才创新能力培养模式。“一个目标”指培养学生基本能力和创新精神；“两个模块”指基本技能训练和能力拓展训练模块；“三个阶段”指从基础训练－综合训练－探索渐进式训练培养创新能力；“四种能力”指培养学生创新思维、基础知识、创新意识、创新技能等方面能力；分模块、分阶段渐进式培养学生的实践能力和创新能力。

教学实践中推进新工科人才创新创业能力培养模式的策略：一是通过智力教育、素质教育、个性教育和实践教育等策略培养大学生创新意识；二是结合专业教学、基础理论学习、课程实习、实验技能训练、学科竞赛等手段夯实学生专业知识基础；三是结合模拟实训、社会实践、大学生创新性实验项目、课外科技活动、参与教师的科研项目等手段，多措并举，提升创新实践能力。通过有效推进创新能力培养模式和系统的实践训练，全面培养学生职业素养、专业素养、实践技能、创业精神和创新能力。

通过对新工科大学生创新能力培养模式的深入分析，运用定性与定量相结合的层次分析法（Analytic Hierarchy Process 简称 AHP），构建新工科大学生创新能力培养模式评价指标体系，从不同角度对大学生创新能力进行多维分析，综合评价，检验该培养模式的科学性、可行性，并优化调整。

三、深化地、校融合对接，实现经济增长与产业升级

2016 年 6 月，华盛顿协议的签订，标志我国的高等工程教育与国际实质等效，当前，“互联网 +”“中国制造 2025”“一带一路”等国家重大战略实施，新产业、新业态、新经济蓬勃发展，为工程教育提供了良好机遇，同时也面临巨大挑战，中国工程教育的体量占据高等教育的 1/3，高技能、高素质人才缺口较大。新一代信息技术、大数据、云计算、智能制造、5G 等新兴产业对工程技术人才提出了更高的要求，地方高等工程教育使命重大，肩负为区域为地方提供人才资源与技术支持的重任。

专业设置与《产业（行业）急需紧缺人才目录》契合度较高；人才培养能力能适应产业发展急需的生产、管理等岗位需求的高素质应用型人才；专业培养方案

规定的培养规格与要求基本符合用人单位需求，毕业生满意度较高。但个别专业人才培养方案与国家专业类教学质量标准和认证标准还有差距；用单位对毕业生能力需要还存在不相匹配的地方，专业的行业性特色不鲜明；人才培养方案更多关注学科知识的系统性，缺乏对产业企业职业岗位的深入调研，课程设置没有很好地随着区域产业行业企业乃至岗位需求的变化而及时做出调整，导致毕业生难以实现“零距离”上岗，毕业生入职后需要企业在一定时间内进行二次培养。

科技园区围绕现代农业、生物医药、大学生创新创业、电子商务作为主要发展发向，搭建科技成果转化平台，即现代农业、生物医药、“互联网＋”电子商务，形成现代农业种植、引种技术、生物技术、医学制药、现代农业装备、电气自动化、生物质应用、电子商务等产业集群。科技园区建成现代农业平台、生物医药研发平台、生物质综合利用技术平台和文化艺术提升基地等平台，目前，已形成黑龙江省东部地区的技术交流中心。为黑龙江东北地区产业发展、为科技创新型企业提供合作途径、渠道和舞台。进而帮助科技工作者实施全产业链、全过程、全要素的科技输出，全方位提升企业产品的科技品质和市场竞争优势。

四、以学生为中心，改革教学方式，提升学生的综合素质与创新能力

全面贯彻 OBE 教学理念，坚持立德树人根本任务、坚持“学生中心、产出导向、持续改进”，根据教育部《普通高等学校本科专业类教学质量国家标准》与专业认证标准，学校于 2019 年重新修订了本科专业培养方案，科学合理确定人才培养规格，进一步明确各专业人才培养目标、毕业要求，构建培养目标与毕业要求对应的矩阵图，优化课程体系，明确课程与毕业要求指标点的对应关系。各专业培养方案学生知识、能力和素质等标准严格遵循《普通高等学校本科专业类教学质量国家标准》与专业认证标准，学生知识、能力和素质阐述清晰，课程体系支撑到位。

为更好的服务“五大安全”“六大强省”战略，面向龙江、面向大农业，依托工学类、理学类与管理类等专业，构建现代农业机械装备制造专业群；面向教育领域，发挥学校师范类专业设置齐全优势，整合资源，设置教师教育学院，控制招生规模，开展精英式教师教育，构建基础教育与学前教育专业群；立足于赫哲族文化研究与传承，依托历史类、文学类、艺术类、体育类、管理类等专业，构建产学研相融合的多学科多专业交叉专业群。同时，学校鼓励各专业走出校门，结合产业行业发展需求办学，提高学校办学实力、办学水平与影响力。

创新创业教育课程实施参与式、互动式、启发式、自主式教学。开设《大学生就业指导》《大学生职业生涯规划》《大学生创业基础》三门通识课程，实现通识课程专业化，以项目、论文、专利、报告等形式丰富教学载体，引导学生树立创新创业意识、培养创新思维、创新能力，注重个性化与职业化发展。

五、重构与新工科人才创新创业能力培养的课程体系

人才培养方案的培养目标与毕业要求矩阵图、课程设置与毕业要求指标点对应关系表，明确了课程设置与能力培养匹配关系。优化了课程体系与结构，课程体系包含通识教育、学科基础、专业课程和实践性教学环节四部分，课程体系设计能注重学生知识、能力与素质培养，能满足毕业要求、能达成人才培养目标。

鼓励各专业立足区域人才需求，创新人才培养模式。如外国语类专业经多年实践，构建了外语 + 专业人才培养模式；预防医学专业实施以“学生为中心”的“三导向”人才培养模式；康复治疗学、护理学专业，突出儿童康复特色，实施“教学做一体化”培养模式；药学专业实施“通识教育 + 专业平台 + 职业方向”三阶段培养模式；化学工程与工艺专业以化工设计竞赛为平台，整合课程与教学内容，形成“以赛促教、以赛促学”培养模式；材料类专业实施“三段式”人才培养模式等。

注重教学组织形式创新，科学编制课程教学大纲，科学设计授课计划与方案，完善知识基本结构框架，强化教学内容、教学方法、教学过程设计，推进形成性考核，注重教学结果评价。构建实验室、实训基地、科创基地、大学生科技创新中心等一体化、流程化、专业化实践教学体系，增加实践教学学时学分比例，加大实验室开放，强化实践教学过程管理，提高学生实践能力培养质量。

六、突出特色，不断完善新工科人才培养体系

以实践课程为引领，建立完善的创新创业教育教学体系。建立全员参与、全过程指导、全方位支撑流程化模块化课程体系。积极打通从学涯到生涯、专业到创新、兴趣到创新、创新到就业、创新到创业五条主线。以省级实践“金课”《大学生公益创业实训》为引领，在医工结合、文理结合、创新创业引领、服务地方经济等方向，培育微创业、智慧农业、跨境电商、北药及功能食品开发等更多的社会实践金课，将“创造、创新、创业”的“三创”教育理念融入人才培养全过程，建立专业教育与创新创业教育一体化的人才培养体系。

以竞赛和活动为依托，建立了完备的竞赛管理体系和长效机制。我校已建

立完备的竞赛管理体系和长效激励机制，统筹规划，整合资源，全面提升了竞赛的层次与水平，通过组织学生开展“创新创业大讲堂”“创客沙龙”“创客故事会”“城市挑战赛”“创业经验交流会”“创客活动周”“校级选拔赛”等丰富多彩的第二课堂活动，激发了学生参赛热情。以“创新创业名师工作室”做支撑，构建了课堂教学、科技创新、实验实训、课外活动、项目遴选、竞赛指导、实践孵化，一体化、专业化、流程化的实践载体，实现了“以赛促学、以赛促教、以赛促练、以赛促创”。

以平台为突破口，实现创新教育与创业实践深度融合。以“校长创新创业基金”“大学生创新创业训练计划”“新电商共享孵化基地”“工程训练中心”为平台，做好项目挖掘、项目培育和赛事遴选工作。发挥校友优势，挖掘市场商机，引进创业项目。推进校企联动，促进科技成果转化。搭建校企孵化平台，扶植孵化类创业实践项目，对有创业意向学生进行引导、培训，鼓励成立跨学科的课题项目组进行创新创业实践，将科研成果推向商业应用。

第二章　基于新工科人才创新能力培养的问卷调查设计与分析

为准确把握当前高校管理者、高校教师和大学生对创新创业教育的认识，课题组开展了专门问卷调查。分别从在校大学生、高校教师和教育管理者三个层面开展了调查分析。

第一节　大学生创新创业意识的调查分析

共调查13所学校，共发5468份，回收4800份有效问卷。其中男生2231名，女生2569名。调查者中，大一431人，大二1352人，大三1628人，大四1184人，研究生205人。明确知道李克强总理提出的“大众创业，万众创新”理念的有4702人，占98%，不知道的98人，占2%。

表2－1－1

您希望毕业后的去向是什么	人数	占比
继续深造	2684	55.9%
到企业工作	213	4.4%
考取公务员或者事业单位	986	20.5%
自主创业	864	18.0%
其他	53	1.1%

表2－1－2

您对创业是否有兴趣或有创业意愿	人数	占比
没兴趣	352	7.3%
兴趣一般，条件合适可能会考虑	3026	63.0%
十分感兴趣并有比较系统的思考	897	18.7%
正在进行创业	525	10.9%

表 2-1-3

您认为当前大学生自主创业形势如何	人数	占比
十分严峻	297	6.2%
比较困难	2875	59.9%
一般	542	11.3%
较有希望	935	19.5%
成功率很高	151	3.1%

表 2-1-4

如果创业,您会选择哪些	人数	占比
与自己所学专业相关的领域	1684	35.1%
自己感兴趣的领域	1983	41.3%
当今热门领域(如软件、网络等高科技领域)	421	8.8%
启动资金少,风险较低且容易入门的领域	423	8.8%
依机遇顺势而定	289	6.0%

表 2-1-5

您认为大学生创业的原因是什么	人数	占比
最大限度实现自我价值	3854	80.3%
可以做自己喜欢的事情	4015	83.6%
崇尚弹性工作时间和空间,能自由支配	562	11.7%
想自己当老板,不想为别人打工	1023	21.3%
可以赚更多钱,改善经济条件	712	14.8%
解决就业	1208	25.2%
用专业知识、智慧为社会创造财富	982	20.5%
其他	260	5.4%

表 2-1-6

您认为一个准备创业的大学生需要具备哪些能力	人数	占比
专业基础知识	4195	87.4%
管理领导能力	3601	75.0%
持续学习能力	3752	78.2%
把握机会能力	3964	82.6%
沟通协调与处理社会关系能力	4061	84.6%
熟悉创业政策与环境	3489	72.7%

续表

您认为一个准备创业的大学生需要具备哪些能力	人数	占比
承受与规避风险能力	3186	66.4%
获取资源的能力	4057	84.5%
其他	1480	30.8%

表 2-1-7

您认为目前大学生创业有哪些障碍	人数	占比
缺乏相应的知识和能力	4624	96.3%
缺乏资金	4097	85.4%
缺乏工作经验	4128	86.0%
缺乏社会资源或人脉	3651	76.1%
缺乏合适的项目	3354	69.9%
创业环境差,缺少扶持和保障	3056	63.7%
其他	1285	26.8%

表 2-1-8

在创新创业过程中遇到困难,除了学校您还能想到向其他什么样的组织/机构/企业寻求帮助	人数	占比
社会管理服务机构	3426	71.4%
专门的支持创业的实体机构	3156	65.8%
相关项目的组织	3048	63.5%
网络平台上的组织	1059	22.1%
不寻求帮助	946	19.7%
其他	689	14.4%

表 2-1-9

您认为政府相关扶持政策对大学生创业是否重要	人数	占比
非常重要	3498	72.9%
比较重要	1195	24.9%
一般	104	2.2%
不太重要	3	0.1%
很不重要	0	0.0%

表 2－1－10

您对目前大学生创业的保障机制(包括政府扶持政策、创业教育培训、金融支持、社会环境等综合因素)是否满意	人数	占比
非常满意	464	9.7%
比较满意	2756	57.4%
一般	1028	21.4%
不太满意	496	10.3%
很不满意	56	1.2%

表 2－1－11

您认为学校在大学生创新创业方面应该提供哪些支持	人数	占比
大学生创新创业财政资金支持	4256	88.7%
重点打造众创园区,创业示范园区建设	3840	80.0%
促进科技资源开放共享	3974	82.8%
加大大学生自主创业宣传鼓励力度	4056	84.5%
建设创业导师队伍,丰富创新创业活动	4125	85.9%
政府不应该过多干预,使学生盲目选择创业而荒废学业	894	18.6%
其他	154	3.2%

表 2－1－12

到目前为止,您参加过哪些创新实践活动	人数	占比
社会活动	3126	65.1%
单位见习	3510	73.1%
课程设计	4165	86.8%
调查研究	3561	74.2%
学术报告	2890	60.2%
科研项目	2051	42.7%
学科竞赛	1995	41.6%
毕业设计	1084	22.6%

表 2－1－13

您认为什么方式能提高学生的创新能力	人数	占比
课堂精讲	4250	88.5%
案例分析	4198	87.5%
写课程论文	2980	62.1%
小组讨论	2186	45.5%

续表

您认为什么方式能提高学生的创新能力	人数	占比
学科竞赛	2078	43.3%
听讲座报告	3058	63.7%
参加科研项目训练	2879	60.0%

表 2－1－14

您认为大学生创新能力应该包括哪些方面	人数	占比
自主学习能力	4015	83.6%
科研能力	4025	83.9%
组织管理能力	4125	85.9%
社会活动能力	4325	90.1%
书面及口头表达能力	3987	83.1%
人际沟通能力	4450	92.7%
团队合作能力	4067	84.7%

表 2－1－15

您认为什么样的考核方式最能考察学生的创新能力	人数	占比
撰写论文或调研报告	2489	51.9%
现场展演（口试、面试、口头汇报、答辩、辩论）	3974	82.8%
学科竞赛	3426	71.4%
开卷考试	1021	21.3%

表 2－1－16

您认为在参与各项创新实践活动时遇到的困难是什么	人数	占比
占用课余时间	1047	21.8%
资料查找困难	3548	73.9%
经费困难	3058	63.7%
缺乏教师指导	4016	83.7%

表 2－1－17

您对创新实践活动的参与兴趣如何	人数	占比
很高	2089	43.5%
高	2177	45.4%

续表

您对创新实践活动的参与兴趣如何？	人数	占比
一般	476	9.9%
没兴趣	54	1.1%
厌烦	4	0.1%

表 2-1-18

您认为有同学不愿意参与创新实践活动的原因是什么	人数	占比
缺少相应的奖惩制度	2485	51.8%
占用课余时间	3215	67.0%
资料查找困难	4289	89.4%
经费困难	4027	83.9%
缺乏教师指导	4258	88.7%
缺乏实践(试验)条件	1874	39.0%
一些项目要求同学们必须参加,引起逆反	475	9.9%

表 2-1-19

您认为哪些手段可以激励你参与创新实践活动	人数	占比
物质奖励	4189	87.3%
学分奖励	3489	72.7%
德育分奖励	2008	41.8%
各级奖学金评定时加分	4256	88.7%
推免研究生等各类深造发展机会评定时加分	4013	83.6%
各级评优时加分	3456	72.0%
修得学分可以顶替全校任意公选课	2788	58.1%

表 2-1-20

参加创新创业实践活动,您最大的收获是什么	人数	占比
增加了对本专业的热爱	3415	71.1%
加强了同其他院校学生的交流	2745	57.2%
对课本知识在实践中进一步理解和掌握	2974	62.0%
提高了自己自主学习的能力	2486	51.8%
锻炼了人际沟通能力	3845	80.1%
提高了口头和书面表达能力	3048	63.5%
提高了应变能力	2748	57.3%

续表

参加创新创业实践活动,您最大的收获是什么	人数	占比
锻炼了团队合作能力	2974	62.0%
增加了课外知识,开阔了视野	4185	87.2%

第二节　高校教师对创新创业教育的认识

教师大学生创新创业调查问卷,13 所学校,共发放 562 份,回收有效问卷 500 份。其中,之前是否有过指导过类似创新训练计划的经历 407 人,占 81.4%;没有 93 人,占 18.6%。

表 2－2－1

您从何处了解大学生创新创业训练计划的申报信息	人数	占比
校园宣讲和表彰活动	278	55.6%
教育部网站	186	37.2%
教务处网站	197	39.4%
其他同事	154	30.8%
兄弟学校的活动	108	21.6%
其他	84	16.8%

表 2－2－2

您指导创新训练项目的动力来源是什么	人数	占比
职责要求	204	40.8%
探索人才培养的新途径	286	57.2%
完成工作量	248	49.6%
其他激励政策	374	74.8%
发现优秀学生	204	40.8%
增加社会接触面	187	37.4%
增加教学科研的满意度	187	37.4%

表 2－2－3

您对指导创新训练项目有兴趣吗	人数	占比
有	476	95.2%
没有	24	4.8%

表 2-2-4

您觉得创新训练项目对您的科研创新有很大益处吗	人数	占比
有	199	39.8%
没有	49	9.8%
有一些	252	50.4%

表 2-2-5

您觉得创新训练项目对您的教学工作有很大裨益吗	人数	占比
有	241	48.2%
没有	52	10.4%
有一些	207	41.4%

表 2-2-6

您认为下一年度的创新训练项目是否需要吸收更多有兴趣有能力的老师来参与	人数	占比
需要	408	81.6%
维持现状	90	18.0%
缩小规模	2	0.4%

表 2-2-7

您认为大学生最适合在哪个阶段开始创业	人数	占比
在校期间	418	83.6%
毕业后直接创业	197	39.4%
先就业再创业	315	63.0%
无所谓	107	21.4%

表 2-2-8

您认为参与创新训练项目的指导对您丰富研究资源有所裨益吗	人数	占比
很大	123	24.6%
一般	279	55.8%
很小	54	10.8%
没有	44	8.8%

表 2-2-9

您认为参与创新训练项目的指导对您增加人才培养经历有所裨益吗	人数	占比
很大	204	40.8%

续表

您认为参与创新训练项目的指导对您增加人才培养经历有所裨益吗	人数	占比
一般	245	49.0%
很小	31	6.2%
没有	20	4.0%

表 2－2－10

您认为参与创新训练项目的指导对您将科研与教学相结合有所裨益吗	人数	占比
很大	217	43.4%
一般	238	47.6%
很小	40	8.0%
没有	5	1.0%

表 2－2－11

您认为目前大学生创业面临的主要困难有哪些	人数	占比
缺乏创业项目	394	78.8%
缺乏创业资源(资金、技术等)	409	81.8%
缺乏创业意识和创业技能	187	37.4%
惧怕创业风险	109	21.8%
缺乏家庭、学校及社会的支持	111	22.2%
其他	21	4.2%

表 2－2－12

您认为培养大学生创新能力的主要渠道是哪些	人数	占比
理论教学	349	69.8%
实践教学	458	91.6%
专业培训	412	82.4%
社会实践	485	97.0%
其他	30	6.0%

表 2－2－13

您认为大学生最主要的创业技能获取途径是哪些	人数	占比
教师、专家及创业者讲授	204	40.8%
创业实践	148	29.6%

续表

您认为大学生最主要的创业技能获取途径是哪些	人数	占比
创业培训	105	21.0%
创业竞赛	43	8.6%

表 2-2-14

您认为大学生创业成功最关键的因素是哪些	人数	占比
个人特质	204	40.8%
经营管理能力	101	20.2%
专业技术知识	84	16.8%
物质资源（资金、场地等）	34	6.8%
社会关系	68	13.6%
其他	9	1.8%

表 2-2-15

您认为高校创新创业教育的主要目标应该是哪些	人数	占比
响应政府号召	214	42.8%
促进学生就业	451	90.2%
丰富校园第二课堂	315	63.0%
培养学生创新创业意识和能力	377	75.4%
其他	45	9.0%

表 2-2-16

您所在高校的创新创业相关组织有哪些	人数	占比
没有	0	0.0%
专业教师为主的创业教育队伍	470	94.0%
学生协会为主的创业社团	410	82.0%
校内外合办的创业协会	308	61.6%
其他	0	0%

表 2-2-17

您所在高校提供了哪些方面的创新创业教育指导	人数	占比
开设相关课程	478	95.6%
创新创业教育指导机构	475	95.0%
创新创业实践基地	445	89.0%

续表

您所在高校提供了哪些方面的创新创业教育指导	人数	占比
创新创业教育讲座	372	74.4%
其他	44	8.8%

表 2－2－18

您认为你所在高校创新创业教育师资力量如何	人数	占比
不能满足需要，严重影响教学效果	46	9.2%
勉强满足需要，教学效果较差	88	17.6%
基本满足需要，教学效果一般	348	69.6%
完全满足需要，教学效果良好	18	3.6%

表 2－2－19

您所在高校对大学生创业提供的支持有哪些	人数	占比
没有	0	0.0%
专业指导或技术咨询	479	95.8%
资金或场地	481	96.2%
创业支持政策	488	97.6%
其他	25	5.0%

表 2－2－20

您认为高校应对有创业意向的学生主要提供什么样的帮助	人数	占比
设置创业课程	475	95.0%
建立创业实践基地	444	88.8%
举办创业竞赛	412	82.4%
设立创业基金	387	77.4%
设立专门的创新创业组织机构	465	93.0%
其他	32	6.4%

表 2－2－21

您认为您所在的高校在进行创业教育中遇到的主要困难是哪些	人数	占比
课程设置不合理	387	77.4%
缺少创业教育师资	402	80.4%
缺乏创业实践基地	422	84.4%
学生创新创业意识不强	275	55.0%

表 2－2－22

您认为您所在的高校在进行创新教育中遇到的主要困难是什么	人数	占比
缺乏个性化培养	457	91.4%
创新实践平台不完善	288	57.6%
创新成果缺乏积累与转化	278	55.6%
创新教育各环节不协调	218	4.6%
学生创新意识不强	301	60.2%

表 2－2－23

您认为创新创业教育应包含哪些内容形式	人数	占比
与创业实践相文的课程	425	85.0%
个性化的创业指导	449	89.8%
创业案例主题讲座	481	96.2%
创业者亲身示范	406	81.2%
创业模拟分析	344	68.8%

表 2－2－24

您认为高校最应开设什么类型的创新创业课程	人数	占比
心理教育类课程	53	10.6%
企业管理类课程	156	31.2%
创业实务类课程	108	21.6%
创业实践类课程	183	36.6%
其他		

表 2－2－25

您认为地方高校应该聘请哪些人员来校讲授创新创业类课程	人数	占比
本校专职教师	415	83.0%
成功创业者	487	97.4%
技术专家	482	96.4%
企业管理专家	452	90.4%
政府及学校管理人员	402	80.4%
风险投资或银行管理人员	251	50.2%

表 2-2-26

您认为高校应该采取怎样的创新创业教育管理机构	人数	占比
学校主要领导负责的创业领导小组	419	83.8%
校团委等学生管理部门	328	65.6%
各学院教学分支机构	478	95.6%
创新创业学院(教育中心)等专职管理部门	488	97.6%
大学生创业园区等其他部门	465	93.0%
师生组成的创业教育社团	438	87.6%

表 2-2-27

您认为高校应该采取怎样的创新教育激励机制	人数	占比
设立创新基金	416	83.2%
组织科技竞赛	400	80.0%
优化考评制度	308	61.6%
设立相关组织机构	411	82.2%
其他	15	3.0%

表 2-2-28

您认为创业实践的主要形式有哪些	人数	占比
案例教学	459	91.8%
角色模拟	421	84.2%
创业大赛	358	71.6%
基地见习	305	61.0%
创办科技园及企业孵化基地	361	72.2%
其他	28	5.6%

表 2-2-29

您认为政府应该主要在哪些方面扶持大学生创业	人数	占比
制定相关扶持政策	488	97.6%
开辟融资渠道	467	93.4%
营造良好的创业氛围	495	99.0%
建立专门创业服务机构	438	87.6%
组织专家进行创业指导	459	91.8%
建立创新成果转化平台	428	85.6%
其他	18	3.6%

表 2－2－30

您认为您所在高校创新创业教育实施的效果如何	人数	占比
很好	138	27.6%
好	331	66.2%
一般	21	4.2%
差	9	1.8%
很差	1	0.2%

表 2－2－31

项目	很不满意	不满意	中立	满意	很满意
您对项目申请、项目实施和项目评审整个管理流程的满意度		15	16	308	161
您在指导学生完成项目时遇到制度和政策问题及时获得信息帮助的满意度	2	19	27	298	154
您对学生在项目各阶段进展中表现的满意度	1	24	26	271	178
您对使用教师之间的交流平台、师生交流平台，如网络沟通平台和各项活动的满意度		37	34	341	88
您对与校外企业导师的合作指导的满意度		42	49	316	93
您对目前您所指导项目的研究的进展与取得的成果的满意度	30	57	251	162	
您对学校为创新训练制定的各项支持政策的满意度	29	52	335	84	

表 2－2－32

您认为学生参加创新训练项目对其了解和掌握科研的基础知识、方法与手段在哪些方面有怎样的受益	很大	一般	很小	没有
观察、收集、分析、解读数据的能力	250	181	34	35
文献检索、阅读、表达和写作能力	291	138	45	26
发现问题及解决问题的能力	256	175	51	18
创新能力	274	164	38	24

表 2－2－33

您认为学生参加创新训练项目对其问题确认与解决能力在哪些方面有怎样的受益	很大	一般	很小	没有
研究问题确认与分析	256	175	51	18
构建、验证与修改研究假设能力	274	164	38	24
分析其他解决问题方案	304	152	40	4
选择、设计并完善研究方案	291	138	45	26
科研项目管理能力	250	181	34	35
创新实践能力	308	175	15	2

表 2-2-34

您认为学生参加创新训练项目对其思维能力在哪些方面有怎样的受益	很大	一般	很小	没有
系统性与综合性思维	241	206	50	3
抽象性与形象性思维	231	254	8	7
批判性思维	256	221	19	4
创造性思维	236	253	9	2
正向与反向性思维	204	215	69	12
演绎与归纳性思维	261	210	24	5
收敛与发散性思维	218	222	46	14

表 2-2-35

您认为学生参加创新训练项目对其个体与团队工作的知识和能力在哪些方面有怎样的受益	很大	一般	很小	没有
个人角色定位	256	175	51	18
共同目标下的分工、协作与配合	250	181	34	35
组织与协调能力	304	152	40	4
团队内相互理解尊重能力	291	138	45	26

表 2-2-36

您认为学生参加创新训练项目对其沟通交流能力在哪些方面有怎样的受益	很大	一般	很小	没有
跨专业交流沟通方式	226	205	51	18
口头交流	274	164	38	24
书面交流	304	152	40	4
电子和多媒体交流	291	138	45	26
表达能力与理解能力	250	181	34	35

表 2-2-37

您认为学生参加创新训练项目对其态度和承受能力在哪些方面有怎样的受益	很大	一般	很小	没有
努力克服困难的态度	250	181	34	35
积极承担责任的态度	204	215	69	12
评估方案并决策的能力	308	175	15	2
首创精神	304	152	40	4
处理风险与不确定性能力	274	164	38	24
心理承受和抗压力	291	138	45	26

表 2-2-38

您认为学生参加创新训练项目对其自主学习与发展在哪些方面有怎样的受益	很大	一般	很小	没有
自我认识能力	274	164	38	24
确认学习需求能力	236	253	9	2
时间管理和资源管理能力	204	215	69	12
未来职业规划能力	250	181	34	35
了解学科领域变革进展的知识	218	222	46	14

第三节 教学管理者对创新创业教育的认识

本次问卷中涉及学校的类型有以下几种。

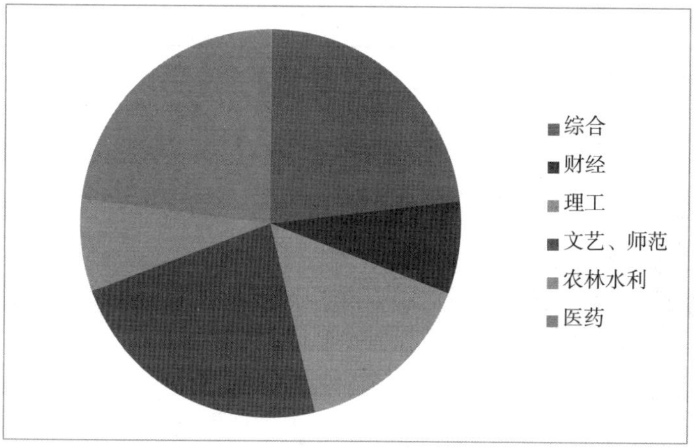

有关校创新创业教育实践的主导类型有以下几种。

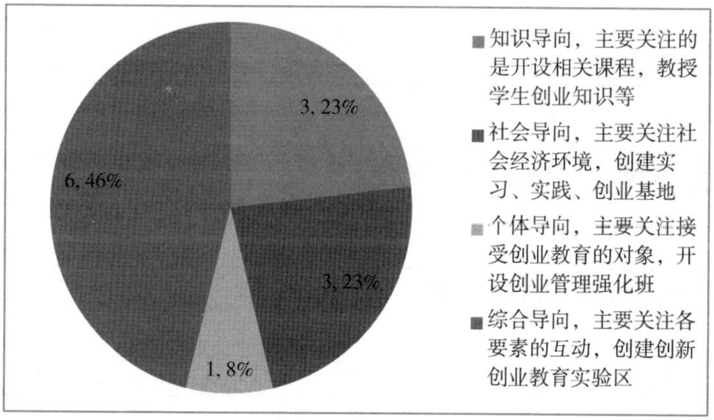

一、创新创业教育活动开展情况

表 2－3－1

贵校有组织开展创业计划大赛参与学生来源	人数	占比
全校学生	48	85.7%
特定年级学生	2	3.6%
特定院系学生	6	10.7%

表 2－3－2

贵校有组织开展创业计划大赛是否获得资金支持	人数	占比
是	54	96.4%
否	2	3.6%

表 2－3－3

贵校是否曾报名参加“挑战杯”中国大学生创业计划竞赛（大学生创新性实验计划项目）	人数	占比
是	50	89.3%
否	6	10.7%

表 2－3－4

贵校是否曾组织开展创业夏令营活动	人数	占比
是	44	78.6%
否	12	21.4%

表 2－3－5

贵校是否成立了创新创业相关学生社团	人数	占比
是	45	80.4%
否	11	19.6%

二、创新创业教育教学开展情况

表 2－3－6

贵校是否已开设授予学位的创新创业专业	人数	占比
是	32	57.1%
否	24	42.9%

表 2-3-7

贵校目前是否开设了创新创业教育班级	人数	占比
是	41	73.2%
否	15	26.8%

表 2-3-8

您认为学校开设的该创新创业教育班级是否成功	人数	占比
是	30	53.6%
否	5	8.9%
不好说	21	37.5%

表 2-3-9

贵校是否有以前开设的但目前终止的创新创业教育班级	人数	占比
是	1	1.8%
否	55	98.2%

表 2-3-10

贵校是否开设了创新创业教育相关课程	人数	占比
是	56	100.0%
否	0	0.0%

表 2-3-11

贵校今后两年内是否有计划开设或新增创业教育的专业和课程	人数	占比
是	50	89.3%
否	6	10.7%

表 2-3-12

贵校是否有创新创业教育专职教师	人数	占比
是	54	96.4%
否	2	3.6%

表 2-3-13

贵校是否有创新创业教育兼职教师	人数	占比
是	56	100.0%
否	0	0.0%

表 2-3-14

贵校创新创业教育教师中是否具有非教师从业经验	人数	占比
是	53	94.6%
否	3	5.4%

表 2-3-15

贵校创新创业教育教师中是否具有创业经验	人数	占比
是	55	98.2%
否	1	1.8%

表 2-3-16

您认为创业教师最应该向学生传播什么	人数	占比
行业概况	54	96.4%
创业经验	53	94.6%
综合知识	56	100.0%
社会阅历	48	85.7%

三、创新创业教育环境建设情况

表 2-3-17

校级领导支持创业教育	人数	占比
是	56	100.0%
否	0	0.0%

表 2-3-18

学校为学生提供创业孵化设施	人数	占比
是	56	100.0%
否	0	0.0%

表 2-3-19

学校设有专门机构为学生提供创业指导与服务	人数	占比
是	55	98.2%
否	1	1.8%

表 2－3－20

学校支持创业师资培训	人数	占比
是	55	98.2%
否	1	1.8%

表 2－3－21

创业教育成为学校办学宗旨的一部分	人数	占比
是	53	94.6%
否	3	5.4%

表 2－3－22

学校明确制订了推动创业教育活动的计划	人数	占比
是	55	98.2%
否	1	1.8%

表 2－3－23

院/系一级有推动创业教育活动的具体措施	人数	占比
是	53	94.6%
否	3	5.4%

表 2－3－24

设立了 KAB 创业教育培训项目	人数	占比
是	54	96.4%
否	2	3.6%

表 2－3－25

学校设立了创业教育创新实验区	人数	占比
是	54	96.4%
否	2	3.6%

表 2－3－26

学校实施了“大学生创新试验计划”项目	人数	占比
是	52	92.9%
否	4	7.1%

表 2－3－27

学校设立了大学科技园	人数	占比
是	55	98.2%
否	1	1.8%

表 2－3－28

学校曾获得创新创业教育奖项、荣誉	人数	占比
是	56	100.0%
否	0	0.0%

表 2－3－29

贵校是否设立了创业教育专项资金	人数	占比
是	54	96.4%
否	2	3.6%

表 2－3－30

贵校是否设立以下“双实、双业”基地	人数	占比
是	54	96.4%
否	2	3.6%

四、创新创业教育其他环节情况

表 2－3－31

您认为大学创新创业教育的重点是什么	绝对同意	同意	不置可否	不同意	绝对不同意
提高学生素质	8	48			
帮助学生树立远大理想	5	51			
提高学生的自信心	6	50			
培养学生坚忍不拔的毅力	7	49			
培养学生独立自主的能力	9	47			
培养学生的动手能力	5	51			
培养学生边学边干的能力	8	47	1		
培养学生吃苦耐劳的精神	6	50			
培养学生的执着精神	8	48			
培养学生的创造性	9	47			
帮助学生自主创业	5	51			

续表

您认为大学创新创业教育的重点是什么	绝对同意	同意	不置可否	不同意	绝对不同意
提高学生创造性解决问题的能力	7	48	1		
提高学生的游说能力	5	51			
提高学生的谈判能力	5	50	1		
提高学生的销售能力	9	47			
提高学生的表述能力	6	50			
提高学生的综合管理能力	7	49			
提高学生的战略思维能力	8	48			
提高学生在不确定条件下的决策能力	9	46	1		
提高学生的交际能力	5	51			
提高学生识别并抓住机遇的能力	8	47	1		
提高学生的主动进取精神	7	48	1		
提高学生处理问题的责任心	7	47	2		
提高学生办事有始无终的能力	6	48	2		
提高学生从容应对风险的能力	6	50	1		

第三章　新工科人才创新能力培养的素质培育支持体系

高校要注重培养大学生的创新创业素质,推动大学生创新创业素质培养,要从不同的视角和环境来探讨其途径。除了优化教育环境、探索教育教学改革的有效途径、建设具有创新素质的教师队伍以外,还应加强思想政治教育、强化问题意识、塑造健全人格、优化知识结构、开展创新实践、加强校园文化建设等。

当代大学生肩负着把我国建设成为富强、民主、文明的社会主义现代化国家的历史使命,这个使命光荣而艰巨。它的实现既取决于大学生自身的努力,更取决于我们的高校能否用创新创业的教育思想、内容、方法和途径,培养出具有创新创业素质的新型人才。

第一节　构建新工科人才创新创业素质培养的支持条件

一、加强思想政治教育,增强大学生的社会责任感

大学生是一个承载社会和家庭高期望值的特殊群体,自我定位比较高,成才欲望非常强,但是由于社会阅历比较浅,思想发展尚不成熟稳定。高校思想政治教育在培养大学生创新创业素质过程中的导向作用主要表现在价值导向、目标导向和行为导向等方面,培养大学生创新创业素质的目的是什么?大学生创新创业的价值取向是什么?什么样的创新创业才是有意义的?这是价值导向上高校思想政治教育解决的问题。高校思想政治教育能够引导学生认识到培养创新创业素质的重要性和紧迫性、责任感和使命感,认识到只有创新才能进步,唯有创新才能取胜;能够帮助大学生正确理解创新创业,科学评价创新创业,认识到具有社会价值并符合习近平新时代中国特色社会会主义思想和"三个有利于"标准的创新创业才是真正的创新创业;能够帮助大学生培养马克思主义的科学世界观和与时俱进的思维方式和创新创业精神,树立为国家、为民族、为人民而不断创新的思想,增强创新创业的内驱力。创新是指有利于人类进步和社会发展

的实践活动，而不是一般的标新立异，但实际上，无论是理论创新技术创新还是制度创新本身，再或是他们的创新成果转化，都存在着方向性问题。高校思想政治教育就是通过各种活动，培养大学生形成正确的价值观和社会态度，从而影响与指导创新行为及其成果的作用力方向。高校思想政治教育能够引导大学生创新创业，不断形成创新人格，引导大学生见贤思齐，身体力行，将其培养成服务人民、奉献社会、追求真理的创新人才。科学的理论指导、合理的目标定位、正确的舆论导向、恰当的创新创业评价在发挥思想政治教育的导向作用时是必不可少的。而高校思想政治教育正是通过培养大学生正确的人生观、世界观和价值观来指引其创新创业素质培养的方向。调查表明，大部分的大学生认为思想政治教育中的人生观、世界观和价值观教育对培养创新创业素质教育具有明显的导向作用，认为只有树立正确的人生观、世界观和价值观才能更好地把自己的志向、意志和勇气转向有利于国家振兴的学习和研究上来；有了正确的人生观、世界观和价值观的指导，就能正确地认识和了解社会、人生和世界，就能正确地体察和分析客观事物，养成和保持健康的心理，塑造良好的个性心理品质。思想政治教育有关与时俱进、适应环境、以平常心对待各种挫折的要求与创新创业素质的培养不谋而合。提倡积极进取，反对安守本分、随波逐流，这无疑是培养创新创业素质的基本精神和前提条件。

增强大学生的社会责任感，首先要加强理想信念教育。责任感淡化的实质是缺乏理想。所以，要强化大学生的责任感，首先必须帮助大学生树立远大的理想，把个人理想融入社会发展、民族复兴的社会理想中去。在新的历史条件下，我们应该根据时代的发展要求，采取有效的措施和形式，大力宣传共产主义的理想和信念，帮助大学生树立科学的世界观和人生观。特别是在大学生入学教育和低年级的教育中，要注重进行理想和人生观教育，帮助他们尽快完成人生目标的转变，让他们明确意识到自己所肩负的重大的历史责任，并不断强化和继续巩固教育成果，以引起学生的醒悟和重视，形成持续的教育气氛，这样才能把教育内容内化为信念，逐步增强其社会责任感。

其次，要改进思想政治教育的方法，增强教育效果，充分发挥教育过程中的主体作用。作为教育者，本身要明白一点，权利和责任从来都是统一的，脱离权利的责任是不存在的。因此，培养大学生的社会责任感必须从赋予一定的权利入手。具体来说，教育方式变灌输式为启发教育式，调动学生的主动参与意识，想他们之所想，解他们之所需，注意挖掘他们思想中的闪光点，鼓励他们积极思考，对不正确的观点进行帮助时也要注意方法，不能打击学生的积极性。在管理中，各级管理人员应该具有平等意识，不要动辄训斥，要把尽可能多地参与机会提供给学生，帮助学生培养自我管理能力和自主意识。总之，在高校我们应该从各个方面努力创造出一种与大学生社会地位相符合的环境机制，重视培养和锻炼学生的社会责任感，使他们能够真正主动地承担起历史使命，培养自己的创新素质，这样我们的国家就一定大有希望，我们的民族就一定大有希望。

坚持用人文精神育人，牢固树立“成才先成人，教书先育人”的教育观念。在我国高等教育中，必须纠正当前大学生中“重智育，轻德育”的错误的价值取向，始终用人文精神进行育人。一是继承和发扬中华民族优秀文化传统中的人格理论的精华，努力培养和造就当代大学生的创新人格，尤其是面对当前市场经济的一些负面影响，要做到“不降其志，不辱其身”，甚至将独立的人格和尊严看得比自己的生命还重要。进而，正确引导大学生树立“以天下为己任”“天下兴亡，匹夫有责”的宽广胸怀和历史责任感。紧密地把个人创新创业与国家的创新与民族的伟大复兴联系起来，最终使他们成为我国社会主义社会的建设者和接班人。二是不断优化大学生的人格模式，培养和造就具有创新创业素质的全面发展的我国社会主义需要的人才。从内在的因素来说，就是要健全大学生的自我意识和主体意识。因为，只有这样才能挖掘大学生内在的各种潜能，进行创造性的活动，规范主体自觉地向创新创业素质培养的方向发展。从外在的要素来说，就是在大学生中要树立学习榜样。在某种意义上说，教师的人格是学生的一面镜子，他应该成为大学生的榜样，这对大学生创新创业素质的完善起着潜移默化的作用。

最后，注重对大学生进行情感教育。道德情感是一个人根据社会的道德规范，去处理各种关系和评价他人和自己的行为时所体验到的一种情感，它是道德行为产生的重要动力或激发力量，也是推动人们自觉行为的重要力量，同时还是使社会别的道德要求转化为个体内心道德需要的必要条件。实践证明，学生的情感调控直接影响他们的包括责任感在内的各种心理品质和能力的培养。责任感反映个体的内在倾向，正是个体的情感与责任感的倾向大致相同，才能使得情感同样具有一定的社会意义。一般而言，良好的、丰富的、健康向上的情感会有与之相适应的积极的责任感。反之，社会责任感水平会大打折扣。教师要善于利用需要原则、期望理论、价值目标和激励手段，通过情感教育，帮助学生塑造创新人格，引导和启发学生发现和完善自我。同时，学校应加强心理健康教育、咨询与辅导，以利于学生良好心理品质的养成。

作为中国特色社会主义建设的新时代大学生，应该以加快我国社会主义建设为出发点,以推进人类进步事业为目的,以为国家、为人民多做贡献为己任,才能充分体现当代大学生强烈的事业心和责任感,这些都离不开创新创业。特别是科技创新活动,其道路崎岖而漫长,需要付出辛勤的劳动和艰苦的努力,甚至献出宝贵的生命,才能通向金碧辉煌的科学宫殿。正如萨谬尔森所说:“科学是通过一次又一次的葬礼而前进的。”命运从来不偏袒任何人,每一个人都可能找到自己的生活道路,在这个意义上,每一个人都可能成为天才,每一个人都有自己的“金苹果”。然而,这一切都取决于奋斗,奋斗是人生最肥沃的土壤。因此,要求大学生必须具备创新创业素质,具备顽强的意志和献身精神,要在自己的思想中构建起这种强大的精神支柱,促使自己走上奋斗、创新、再创新之路,时刻鼓励自己朝着最有价值的人生目标迈进。

二、强化问题意识,鼓励大胆质疑,激发进取精神

首先,要建立新型的师生关系,鼓励学生大胆质疑。良好积极的师生关系不仅对学生学习能力的提高和个性的发展有直接的促进作用,而且对创新创业素质培养具有间接的促进作用。心理学研究表明,学生的生活环境及其经验对其认知、情绪及其一生的发展都具有重要的影响,良好的师生关系是减轻学生的心理负担的重要保证。师生关系应该是和谐、民主、平等的师生关系,把学生视为与自己同等的人,尊重学生的独立人格,让学生真正感觉到心理安全、心理自主,使他们的学习动机得到充分的鼓励。只有这样,学生才能表现出寻根问底、大胆询问的倾向,才能乐于把自己发现的问题告诉他人,才能敢于对不同的意见哪怕是权威的观点提出挑战。在当前我国的大学教育中,师生关系仍然是事实上的不平等,学生总是感觉到教师在上、自己在下,平等交流无法实现。凡是属于见解类型的题目,老师是不能判定谁是谁非的,绝对不允许老师把自己的观点强加给学生,要承认学生潜伏着极大的由已知转化为未知的原动力,让他们养成主动探索的习惯。教师要能够民主、平等地对待学生,鼓励学生大胆质疑,鼓励学生求新求异,正确对待学生的提问,挖掘其可贵之处,保护学生的积极性,建立融洽的师生关系,这就为问题意识这颗种子提供了充足的阳光、水分和适宜的土壤,使其生根发芽,开花结果。因此,在教学过程中,要鼓励学生大胆质疑、提问,鼓励学生求新求异形成一种自由探索的气氛。教师在课堂上,不要把自己认为重要的问题都告诉学生,启发他们逐步提出高水平的问题。在新型的师生关系中,教师应该以“亦师亦友”的形象出发,以积极鼓励、平等宽容的态度,抱着“教学相长”的目的教学。教师对学生讨论的问题学会“推迟判断”,对结论迟下定论,鼓

励学生相互交流个人的看法,共同讨论学生提出的问题,在讨论过程中,每一个学生既可以发表个人意见,又可以虚心听取别人的意见,这样,课堂讨论就成为一个多项信息交流的活动,较之老师讲授的单向信息有较大的优越性。如果在讨论中出现了截然不同的对立的观点,就会出现激烈的争论,为了说服对方各自都会为自己的观点找证据,找理由,还会积极果断地找对方的漏洞,谁找的理由充分,证据充足,谁就能驳倒对方,谁的观点就能站得住脚。真理愈辩愈明,一切谬误都将被推翻,新的发现则不断出现。在科学研究中,在教师指导下,鼓励学生积极参与,使师生关系成为共同探索真理的伙伴关系,解决难题的合作关系等。总之,要把爱心、信心、诚心带进课堂,学会赏识与宽容,让每一个学生在积极向上、愉悦、轻松、和睦、融洽的课堂气氛中,和教师站在同一个方向,共同去发现问题、思考问题,通过心灵的撞击,激发人的潜力,不断新生和成长。

其次,要培养对问题的敏感性。发现问题就是从外界众多的信息源中发现自己所需的、有价值的问题。面对同样的事物,同样的信息源,有的人能够发现问题,有的人则熟视无睹。这种差异与人们对问题的感受性不同有关。感受性强的比较容易发现问题,感受性弱的则不容易发现问题。要在以创新为核心的知识经济时代更好地生存与发展,就必须学会发现问题,提高自己对问题的感受性。一是要培养良好的问题意识。问题意识是一种强烈而明显的解决问题的意念,是相对持续和稳定的心境。这种心境能够保持心理活动的持续,最后实现突破,完成创新。一般说来,在事业上有所创新的人,并非都是脑子特别灵的人,绝大多数都是因为他们有良好的问题意识,能够发现问题并解决问题。二是要培养思考问题的灵活性。就是要善于从多角度去认识问题,去认识事物。如果一个人的思想陈旧,思路单一,观点呆板,而思考问题时又常常带有成见,条条框框甚多,是不可能有所创新的。三是要培养科学用脑,勤于思考的习惯。常言道"流水不腐,户枢不蠹",科学用脑,勤于思考和强化创新动机是相辅相成的,肯动脑筋,善于观察事物,勤于思考问题的人,大脑经常处于活跃的状态,其创新动机就能不断地在自觉活动中得到增强。在平时知识和经验积累的基础上,产生一个新颖的观念,又会激发人们进一步探究问题的积极性。可见,对问题敏锐的感受性是可以促进创新精神的培养的。

再次,要发扬勇敢质疑的精神。勇敢质疑就是要敢于提出疑问,并设想解决问题的新思路。这是创新者事业成功的突破口。要想创新就要不迷信,不畏惧权威、名人,敢于怀疑旧观点、旧学说,敢于对公认的东西表示怀疑,善于横向思维和逆向思维,这是创新者必须具有的素质。大学生具有知识层次高、喜欢动脑筋、爱提问题、好奇心强的优点，如果能够发扬勇敢质疑的精神，在学习和探索中避免轻信，就能使大学生的创新思维能力不断加强。当然，提出的问题、产生的疑问、发出的质疑、找出的疑点，并不一定都是正确的。但是，质疑的越多，迸发出来的闪光思想也就越多。因为，提出新问题，从新的角度去看旧的问题，不是任何人都能够做到的，它需要人的创造性的想象力。大学生应该注意在这方面锻炼自己，培养这种大胆尝试、勇敢质疑的精神，潜心寻找创新突破口。

最后，要学会自主创新。创新能力是对知识、智力以及能力的新颖、灵活运用，并以一定的智力条件为基础。大学期间，为强化能力素质教育，专门开设创新思维与能力训导课程，注重培养、训练和开发智力潜能，使能力素质得到系统、全面、合理、协调的发展。创新教学中，要充分发挥学生的主体作用和主动精神，让学生有更多自主选择学习、训练时间与空间的权利，更好地培养学生自主、创新学习的能力。鼓励学生大胆制订学习、训练计划，相互协作，优势互补，共同努力，共同提高，提升整体能力素质优势，创编适合自身特点的创新思维与创新技法速成学训方法，变"被动学习"为"主动学习"，完成从"要我训练"到"我要训练"再到"我会训练"最后到"我已练好"这一过程的转变，让学生自己去思考、去实践、去探索、去创新，达到培养创新能力的目的。

三、塑造健全人格，培养敢于面对成功与失败的精神

首先，培养坚强的意志。大学生创新创业活动是一种冒险行为，是做前人或他人未做的事，是对现状的革新和否定。任何冒险行为都需要有坚强的意志做后盾。大学生的创新创业活动经常会遇到各种各样的困难，要战胜这些困难，意志起着异常重要的作用，大学生坚韧不拔的意志能够激发创新创业精神，取得创造性成果。顽强的毅力还能够制止精神涣散和半途而废的现象，调解大学生自身的行为和心理状态，使得创新创业过程得以坚持并取得成功。我们要教育帮助大学生在任何情况下、在各种活动中磨炼自己的意志，在各种干扰和困境中坚持学习和创新。帮助大学生养成善于控制自己言行的习惯，人只有善于自制，才能摆脱与自己无关的欲念干扰和外界刺激，保证使自己的精力和才智指向目标。自信心和意志力是创新活动的重要心理基础。自信心、意志力强，创新创业精神就强，反之亦然。自信心缺乏和意志力薄弱，是创新创业的大敌。

其次，破除创新创业畏惧感。学生为什么对创新创业产生畏惧感呢？原因之一就是把创新创业坐标摆在了很高的位置，他们认为只有科学家才能创新，而能当科学家的人只是少数，自己当不了科学家，所以也谈不上创新。其实创新有

不同的形式,重大的科研成果是创新,知识的重新组合、从不同的角度提出新的问题和观点、小制作、小发明等也是创新。引导学生正确理解创新的内涵是破除畏惧感、增强自信心的方法之一。原因之二是部分学生对自己创新创业能力的怀疑。可以肯定地说,正常人身上都蕴藏着创新创业的潜力,只不过有大有小而已。可见,引导学生正确认识自己的能力,是破除畏惧感和增强自信的又一重要方法。

再次,正确引导大学生的好奇心,培养良好的兴趣爱好。兴趣是起点,反映着个体某种需求,是从事创新创业活动的驱动力。兴趣可以使人集中注意于所从事的创新创业活动,甚至可以使人持之以恒地专注于某项工作,为之付出毕生的精力。好奇心可以激发人的求知欲,强烈的好奇心和求知欲能够启发大学生进行独立思考、细致观察,并从常见的现象中发现新的问题,进而促使突破传统观念的束缚,引导他们别出心裁、标新立异地进行创新创业。充满兴趣和好奇心的人,面对任何未知的问题和领域都不会无动于衷,而总是保持着强烈的尝试冲动。牛顿看到成熟的苹果落到地上,而不是飘到空中,对此产生了浓厚的兴趣和好奇,从而提出了著名的万有引力学说。创新精神和兴趣爱好是密不可分的,创新过程产生无穷的兴趣,兴趣又激发人的创新精神。通常情况下,大学生都有着很广泛的兴趣和爱好,要使大学生的兴趣爱好成为创新创业素质的内容之一,就必须做到以下几点:一是引导学生对创新活动的过程本身感兴趣,通过认识、学习、探索,使他们对创新过程中所发现的奥秘产生浓厚的兴趣,并通过客观存在取得创新成果后所产的满足感,来激发其新的创新欲望,形成一个不断探索、不断创新的良性循环。二是应该引导大学生的兴趣爱好,在专业发展的基础上,增强广阔性。广泛的兴趣可以使大学生接触多方面的事物,通过观察、学习、思考获得广博的知识,在这个过程中开阔思路,丰富想象力,使智力得到多方面的发展。这对于创新创业活动的成功和多方面创新成果的取得是非常必要的。三是引导大学生对自己感兴趣的东西形成相对稳定的情绪,激发长时间的集中注意,最后形成他们的事业心和对远大理想的执着追求上,使之对创新创业活动的兴趣转化为积极的行动,乐于从事与此有关的各项活动,增加克服困难的勇气和力量。

最后,培养拼搏和坚韧精神,引导学生正确对待困难和挫折。人生之路上遇到困难和挫折是正常现象,创新创业之路上遇到的困难和挫折可能会更多一些。关键在于如何正确看待它。有人在它面前畏惧退缩,有人采取“逃跑主义”,有人被它压倒,但也有人把压力变为动力,把困难、挫折,甚至失败作为成功的起点,想办法克服它、战胜它。创新创业需要勇气,需要拼搏和坚韧精神。屈服于困难的人是弱者,想办法克服困难的人是强者。创新创业不仅需要有实干精神,更要有勇于战胜困难和挫折的勇气和坚韧精神。“明知山有虎,偏向虎山行”是有魄力、有勇气、有自信、有冒险精神的表现。引导学生正确对待困难和挫折,是增强自信心和意志力的重要方法。探索、创新作为人类总的活动来说,其结果大多是辉煌的,但对于探索者来说,它要付出极大的努力,战胜诸多的困难和挫折,同时还要等待社会的理解,寻求社会的支持。而在现实中,大多数支持往往带有功利目的,人们往往只会支持那些与自己价值观一致的、自己能够理解的并认为是重要的事。在创新和创业时,创新者和创业者往往不可能及时得到社会和家人的认同、理解和支持。所以,一个有志于创新创业的人要有坚韧不拔的精神,要等待社会和家人的理解和支持,要宽容地对待社会和家人的误解和冷遇,只有将博大的人文精神和高尚的道德情操、创新创业精神和科学基础结合在一起,才能创造出这个时代的杰出人才。

第二节　构建新工科人才创新创业知识培养的支持条件

一、优化知识结构,培养社会适应型人才

首先,注重基础知识的传授和基本技能的培养。创新不是凭空臆造,它是建立在知识的传授、转化和应用的基础上的。高等教育要给学生提供一个宽厚的基础知识,培养学生学习新知识的能力。大学生的知识越丰富,形成广阔思路的可能性就越大。这就要求我们在教学中,既要传授学生专业知识,又要传授学生相关知识,努力扩大学生的基础知识,引导学生在对比中思维,在思维中拓展,在拓展中创新。同时,要在课堂教学中注意理论联系实际,教给学生分析问题、解决问题的方法和思路。对大学生来讲,大量的知识要靠自学来解决,不掌握科学的学习方法,不加强能力的培养与提高,不但今后很难成为具有创新创业素质的有用人才,也不能完成大学阶段的学习任务。

其次,拓宽专业,构建创新的知识结构。当今世界,不仅知识总量空前增长,知识的递增速度也越来越快,知识的陈旧周期也越来越短。物理学家杨振宁、李政道多次指出,知识面狭窄是我国青年的一大缺陷。万丈高楼起于基石,树木根深方能叶茂。要真正培养具有创新创业素质的人才定要让学生具有宽基础、宽专业的知识。同时,还要广泛涉猎各方面的知识。所以在年轻的时候,“杂七杂

八"的书多看一些,头脑就比较活跃。拓宽专业,优化课程结构,加大选修课的比例,增加学生自主学习的空间,使学生在大学学习期间既能获得宽泛的专业基础知识和深厚的科学文化知识,又能具有某一方面的专业知识,形成合理广博的知识结构,这就有利于开阔学生的眼界和思路,为培养创新创业素质打下坚实的基础。

再次,更新学习内容。对于当代大学生而言,其面临着知识增长的无限性与在校学习时间的有限性之间的矛盾。要使大学生在有限的时间内掌握那些发展创新创业才能的科学文化知识,学会猎取新知识的科学方法,就必须进行教学内容的精选,对陈旧、僵化、与当代科学文化发展不相适应的课程内容,及时更新。在充实和加强基础理论知识的基础上,拓宽专业设置,加强学科之间的联系,文理交叉,相互渗透,扩大学生的知识视野。为此,一是要处理好大学与中学的衔接。随着科学技术和生产力的发展,中学教学内容在不断深化,质量不断提高,学生能力不断加强。高等教育的内容应该在此基础上提高起点,取消和中学教育重复的内容,选择与大学生智能发展相适应的教学内容,突出高等教育的特点,重视和加强对大学生素质特别是创新创业素质的培养。二是要改革课程之间各自封闭的状况,精选教学内容,抛弃那些陈旧的、庞杂的、重复的部分,增加反映当代科学技术的新成就、新思想、新发展的学科前沿内容,使学生及时掌握最新的科学文化知识,为大学生的创造性学习开拓新思路。三是要调整教学计划,增加选修课,鼓励学生发挥他们的创造才能。开设跨学科、边缘学科、综合性课程,以适应目前各个学科互相交叉、互相渗透的要求,为学生构建合理的知识结构,为以后创造性的学习和创造性的工作奠定良好的基础。四是重视知识的重新组合。知识的重新组合是把原来的几科知识联系起来,合成一种综合知识,或者把一种知识拆分成几个部分,然后以新的形式将这几个部分重新联系起来,成为具有新特征、新功能、新内容的知识,知识重组即综合能力,组合的独特和新颖展现创新水平。

第四,学会观察分析。培养大学生的创新思维与创新能力,必须创新学习方法,学会自主式学习、研讨式学习、创造式学习,激发学生的创新意识和探索精神。引导培养学生突破传统思维模式的框架束缚,善用联系的观点、全面的观点、系统的观点、开放的观点、发展的观点、矛盾的观点观察分析问题,学会探索、观察、分析、思维、推理、演绎、概括、归纳、总结。既要看清事物的本质,又要看到事物的矛盾;既要看清事物的内在规律,还要看清环境对其的影响;既要学会静态观察事物,又要学会动态观察事物;既要学会常态下观察事物,还要学会特殊状态下观察事物;既要全方位观察事物的表象,还要透过现象看清事物的实质。这样才能发现问题,解决问题,研究出创新成果。

最后,改革课程结构。一是实行学科结构的综合化。在学科结构上,各个高校应该从培养人才的层次、类型等实际情况出发,有特点地向综合性方向发展,以实现理工结合、医工结合、文理结合等,但是也不能把每一所大学都办成文、理、工、管相结合的综合性大学。面对现实,只能走改革之路,即学校之间合作办学,实现资源共享,优势互补,共同发展。二是拓宽专业口径,开阔科学视野。在倡导新工科、新医科的时代,开阔科学视野和广博扎实的基础训练对创新型人才的培养具有特别重要的意义。随着我国高等教育大众化时代的到来,大学本科成为高等教育的“通材”教育成分将逐渐增加。三是实行课程的综合化。实行这一改革的实质,是把知识分割过细、缺乏联系,转变为调整知识的整体性和培养学生的综合素质,改革的方向是淡化学科界线,淡化细节了解,强调学科的相互联系,而不是简单增加点学科课程,扩大学生的知识面。实现课程综合化,主要是进行三个方面的改革:加强基础课程,加强文理有机融合的课程,开设综合课程。课程体系的改革是深层次的改革,立足于教育教学全过程,着力改革各门课程教学上独自追求系统性、完整性的特点,改变过去那种整体课程体系无序,缺乏有机联系,脱离时代与社会的发展以及学生实际的状况。紧紧围绕培养目标,明确每一门课程在教学计划中的地位、作用与范围,进行德智体美,基础与专业,主干与相关学科,理论与实际,知识能力与素质等多维度上的整合,体现课程相互之间的主次关系,层次关系以及内在联系和相互配合,实现较高水平的整体优化。基础教学已经不仅是为专业教学和专业课程服务,更重要的在于使基础课程、知识、技能内化为学生的科学文化素养,塑造学生全面发展、不断探寻新知识、开创新领域、开创新的品格和个性,更加符合创新创业教育的要求。创新创业教育人才培养中,应该更加重视文化素质教育,提高学生的文化品位和修养,融传播知识、培养能力、提高素质、增强创新为一体。在教学体系上,有专业占绝对主导的单一体系,向兼容、文化、道德、经济、环境与发展诸方面体现人才全面发展的体系方向发展;在教学内容上,增加人文与艺术、市场与经济、环境与发展课程;在教学组织形式上,第一课堂与第二课堂相互结合,必修与选修相互结合,校内教育与社会实践相互结合,课堂教学与高品位的校园文化熏陶相互结合,加强对学生的文化素质教育。调整教学计划,应该注重共性与个性、统一与灵活的结合。在全面发展的基础上,为学生提供个性发展的条件。个性的核心内容是主体性和创造性,没有主体性就谈不上自我选择,有了选择还要有追求和探索,这是创造的动力。离开了创造力的培养,也就谈不上培养个性,更谈不上时代需要的人才。

二、开展创新创业实践,培养学生的动手操作能力

实践活动,特别是创新创业实践活动,是培养学生创新创业思维、创新创业技能及实现创新创业目标的手段与桥梁,是培养学生的创新创业能力,提高创新创业素质的重要环节。实践能力是学生将第一课堂所学的知识和实践有机结合起来,及时发现自己的不足,并主动地去补充和拓展,从而激发学生研究问题的兴趣和创新欲望,增强学生创新的信心和勇气,促进和提高学生的观察能力、运用基本知识和基本原理的能力,以及应变能力和开拓创新的能力,使自身能够适应瞬息万变的市场,适应日新月异的技术革命,始终走在时代的前列。另外,要加强第二课堂和其他教学实践环节的学习与研究,培养学生广泛的兴趣和爱好。为培养学生的创新素质创造条件。

首先,让学生参与科研,加强实践教学环节。大学生思想最活跃,最富想象力,最敢创造,学校要尽可能创造条件,开放实验室,鼓励学生积极参加科学研究活动。让大学生参与科研,不仅能深化他们已有的理论知识,提高专业知识水平,还能激发大学生的创新精神,培养其创新能力,对创新素质的培养具有重大的意义。

高校教师担负着教学与科研的双重任务,科研的经验较为丰富,对与本专业相关的新知识、新信息比较敏锐,感受深刻。这就决定了教师在学生科研活动中的主导地位,教师要在教学科研中主动培养学生发现问题的敏锐性和深刻性,积累资料和检索运用资料的能力,选择课题的能力,试验研究的能力,论文撰写能力、团结协作精神及相应的能力,大学生科研能力的初步形成,将为他们终身学习和自我发展奠定良好的基础。在实践活动中,学生通过参与教师的某些科研课题,或接受自己感兴趣的某一研究任务,迫使自己去思考、去探索、去解决一些具体问题,搜集有关的研究资料,参与研究讨论,进而迸发创新思维的火花,得到"真枪实弹"的磨炼;通过接触社会,了解社会,深入生活实际,开阔视野,启迪智慧,丰富知识,提高能力。

其次,大学生本人要树立实践成才观。树立实践学习观,争取在实践中更多地接触社会,了解国情,培养为社会服务、为人民服务的意识,增强社会责任感和使命感,树立正确的世界观、人生观和价值观;争取在实践中将社会工作与校园学习生活结合起来,把所学知识应用到实际中去,在实践中提高解决实际问题的

能力，提高全面素质；争取在实践中了解生产经营中的实际情况，了解改革开放和经济全球化发展中社会需求的人才标准，从而进行自觉学习，创新学习，使自身成长为思想道德素质、科学文化素质、健康素质协调发展的社会主义社会的合格建设者和接班人。

最后，大力开展社会实践活动。学生在学校内的创新实践活动多种多样，在教学的各个过程中都可以进行。同时更要鼓励和支持大学生接触和走向社会，投入社会实践。社会实践则侧重于为学生提供接触社会的窗口，培养学生的社会服务意识。根据学生的学习特点，开展以院、系、班级为单位，利用业余时间走向社会的短期实践活动，培养学生的实践能力。另外，为使学生在实践中得到教育和锻炼，学校着力支持学生的寒暑期社会实践活动，投入大量的人力、物力、财力，组织学生到各实践地进行锻炼。通过开展各种丰富多彩的实践活动，激发学生的创新欲望，发挥他们的创新能力，培养他们的创新素质。实践出真知，只有通过实践，学生的创新潜能才能被转化为创新创业能力，学生才能达到“所惑、所思、所悟”。

第一，要为学生的创新创业创造条件。学生的创新实践需要有制度保障，即学校要制定相关的制度鼓励、支持学生的创新实践和创业。对在科技方面有突出表现的学生可以优先评优评奖，制订学生科技成果奖评比办法，设立学生创新创业基金，制定关于学生创新创业基金申请的相关政策，为学生提供创新创业的“种子”基金。学生的创新实践和创业需要老师的指导，学校要鼓励老师指导学生的创新创业活动，并作为教师评奖评优、晋级的重要指标。要选派能力强、水平高、经验丰富的老师担任学生创新实践和创业的指导老师。学生的创新实践还需要相关的图书资料、实验设备等，学校实验室要尽可能对学生开放，要在查阅图书资料、上网等方面给学生提供方便。

第二，要为学生的创新创业搭建平台。学生的创新实践活动是学生将理论知识创造性地应用于实际，因此需要有适当的载体和形式。要定期举办科技文化节，特别要突出校园文化活动的科技创新的内涵；要成立学生科技创新协会和学生创业联盟等，并充分发挥这些科技社团的作用，多开展创新创业活动；建立校内外学生创新创业基地，可以依托校外企业或校内实验室建立创新创业基地，并组织学生利用基地进行创新创业实践，以这些活动为平台，推动学生创新创业活动的开展。

第三节　构建新工科人才创新创业能力培养的环境支持条件

一、加强校园文化建设，塑造学生完美的人格

校园文化，从广义上说，是校园主体在实践活动中所创造的物质财富和精神财离的综合。具体来讲，高校校园文化就是大学生、教师、行政管理人员及后勤服务人员通过学习、教学、科研、管理和服务活动所创造的体现校园主体价值取向、生活方式、活动过程及活动结果的各种文化形态的整合。主要包括观念文化、制度文化、管理文化和物质文化。校园文化环境能激人奋进。校园文化是校园之魂，具有导向功能、激励功能、调适功能、约束功能、凝聚功能与辐射功能。校园文化应目标高远、哲理精深、策人奋进、求学成才，以激发大学生的创新意识、创造激情、合作能力、团队精神，磨砺意志、塑造品德，达到培养发展学生兴趣爱好，施展才华，锻炼形成创新型人才。

一方面，校园文化通过其环境、氛围、设施、活动等影响和教育学生，使学生从理智上受到启发，从情感上引起共鸣，帮助学生形成优良的个性品质和积极健康向上的理想状态，树立科学的世界观、崇高的审美理想、正确的审美观念和健康的审美情趣，从而塑造学生完美的人格。另一方面，校园文化以其跨学科的综合性、全校范围内的联合性，以立体、开放、多方位、多渠道的特点，成为学生个性自由发展的天地。通过丰富的校园文化建设，可以拓宽学生的知识面，调整学生的知识结构，让学生充分发挥想象力、创造力，在筛选各种信息和进行相应的选择中，使各自的组织管理能力、社交能力、自主能力、创新能力及各种情感因素在不同程度上得以发挥，从而最大限度地发掘出个体的创新潜能。总之，高校校园文化作为社会主义先进文化的重要组成部分，对大学生创新创业素质培养起着举足轻重的作用，成为大学生创新创业素质培养的重要载体。当前，高校校园文化建设中存在着种种不利于创新的问题，必须及时地加以调整和优化。只有在抓住校园文化建设实质的基础上，创新性地开展校园文化建设活动，才能使大学生创新创业素质培养的目标得以实现。

当前，各种思想文化相互激荡，这一方面丰富了校园文化建设的内容、形式和手段；另一方面，也会对校园文化建设产生创新的影响。当然，需要引起注意的是，一些西方发达国家凭借其在当代国际社会中经济、政治主导地位，自觉或不自觉地强行推销自己的文化产品和价值观念，试图以文化殖民的形式达到“文

化同一"与"文化控制"。西方国家的政治观、民主自由、个人主义、享乐主义等对青年学生的思想道德和价值观也会产生比较大的冲击，这将对高校校园文化建设产生不良影响。在校园文化建设的过程中，我们要始终以马克思主义、毛泽东思想和中国特色社会主义理论体系为指导，坚持用社会主义核心价值体系引领各种社会思潮，以实施科学文化素质教育为基础，以建设优良校风、教风、学风为核心，以优化校园文化环境为重点，以树立正确的世界观、人生观、价值观为导向，以丰富多彩、积极向上的活动为载体，弘扬主旋律，建设健康、和谐的高校文化。

校园文化建设不是一朝一夕所能完成的，需要长期的、艰苦的努力才能收获一定成效。目前，高校校园文化丰富多彩的主要表现是文化活动繁多，而且主要偏重于丰富学生的课余生活，很少有高校把学生自主筹划、创新类的文化活动纳入学校长远规划，这势必使校园文化建设缺乏系统性和长远眼光，削弱校园文化在高校完成其培养目标过程的作用，也使校园文化不能形成与学校特色相一致的特征。校园文化作为附属于高校的一种亚文化，在高校中应显示出不同的特色。目前高校校园文化建设的这种普遍现象的形成与高校没有把校园文化建设纳入学校的总体发展与规划，不给予充分的重视是分不开的。高校要充分重视校园文化对学校发展和人才培养的重要作用，特别是能够结合创新教育，使学生能够参与其中，创新出符合高校的文化活动。

树立以创新训练为主体的校园文化全员共建意识。校园文化的创新需要各个部门的通力合作，不是仅凭学生管理和思想教育部门的努力就能收到应有效果的。校园文化建设与高校的方方面面都有联系，良好的校园文化也不只是让在校学生受益，而且能使包括教师在内的所有教职工受益。浓厚丰富的校园文化所渗透弥漫的精神氛围，需要依靠高校师生员工的共同努力。

校园文化全员建设中，加强校园网络文化建设，推进校园精神文明建设。充分利用网络，运用微博微信，推动创新教育，在网络文化中大力弘扬中华民族的优秀文化，使大学生能够树立民族文化的认同感和自豪感，同时结合活动，了解世界各民族的优秀文化，拓宽视野。同时，也要依法治网，加强网络法制教育，以整合网络社会的无序状态，尽可能地预防、遏制、减少各种消极现象带来的不良影响，促进大学生健康成长。

二、营造有利于创新创业人才培养的社会和学校环境

创新问题是一个社会问题。创新意识产生于一定的社会条件中，它由意识

转化为实践需要社会条件的支持。创新意识的形成、发展和稳定需要一定的社会环境条件的支持。“就社会而言,创新意味着一种氛围,一种价值认同,一种体制,一种文化。为使创新成为整个社会广泛的行为力量,则需要一种适合创新而普遍认同的价值观。其根本在于为创新营造一个人文、精神、制度化的生态环境”。我们知道,孩子对世界最新奇,乐于尝试。然而,随着年龄的增长,受教育程度的提高,阅历的丰富,创新意识反而越来越淡漠。为什么?首先,孩子的创新意识往往来自他的无知,心理学的实验证明,人在不知道所做事情的危险性和艰巨性的情况下,往往比知道了要有勇气。其次,由于孩子的特殊身份,家庭、学校、社会对他们所犯的错误普遍能够采取一种宽容的态度,比较容易得到原谅和鼓励,这就保护了他们探索事物的兴趣和锐气,为他们的创新赢得了一个难得的自由空间—人文精神生态环境。创新并不见得准能成功,尤其意味着要冒风险,要付出代价。那么,社会、家庭、学校能够在多大程度上宽容因创新而犯的错误,承受因创新而付出的代价,这就直接决定了能给创新活动以多大的自由空间空间大些,限制就小,就能为更多的人在更大程度上用更多的精力和时间去从事创新提供保证。只有当一种观念变成了传统、风俗、风气、习惯之后,这种观念才会变为种实实在在的文明。所以,要大力营造激励创新的社会环境。

人们常说“时势造英雄”,就是指社会环境对个体成长的重要作用。现代大学生生活在各种各样的社会关系之中,构成了不同的育人环境。在人与社会环境的互动中,不仅人在影响环境、改造环境,环境同样也在潜移默化地影响人、改造人。正如马克思所说人创造环境,同样环境也创造人。社会环境对大学生创新能力的培养提高具有十分重要的影响。

创新是一种打破常规的活动,非常需要一个宽松、自由的社会环境。很难想象在保守、专制的社会环境内,怎能研制出创新成果。大量心理研究显示,在同样挫折情境下,获得较多支持的人的心理承受能力更高。良好的社会支持系统可以增强个体抗挫折能力,缓解其压力冲击,有利于个体调控心理应激反应。所谓“当局者迷,旁观者清”,遭遇挫折的时候不要将自己封闭起来,而应学会积极寻求他人支持、帮助,摆脱挫败感。如果挫折带来的情绪极端恶劣,普通的人无法解决时,可以借助心理询帮助,在专业人员指导下及时疏导消极情绪,改善思维、调整行为,维护身心健康。

此外,还可通过社会营造浓厚的创新宣传舆论氛围,学校建立鼓励创新、支持合新的制度体系,为大学生创新活动提供良好的舆论环境和制度氛围,使整个社会形成重视创新的价值导向,为大学生开展各种创新实践活动,提高创新能力,实现创新目标,创设良好的外部环境。

大学也要营造出宽松的学习环境,浓厚的创新氛围。民主和科学是一对孪生姐妹。大学的性质决定了它不是一般的行政机构,而是一个传播文化知识,提出新观点的学术基地,必须坚持"百花齐放,百家争鸣"的方针,既要继承历史文化又要创新,提出新的观点,开创新的学术领域。进行创新要皓首穷经,耗尽精力,才能想到别人想不到的新观点、新方法、新途径,这就必须是"标新立异"。现代的心理学研究证明,宽松开放的学习环境更有利于学生创造潜力的发挥。世界著名的大学往往是提供一个好的创新环境,如哈佛大学的教授不仅讲述当代的科技成果、科技发展的新动态,更重要的是介绍一些尚不成熟的、正在争论的、有一定缺陷需要补充或拓宽深化的观点,正是这一点对学生的启发更大。北京大学素以学术民主而著称,但是,从总体上看,中国高校的教育氛围与西方发达国家有较大的差距,对学生的要求过重,过于刻板,千篇一律,学生的个性、特长都被抹杀。正如杨振宁说的:"中国是完全有能力开发出大批人才的,我想,要开发出人才,关键是不能对青年限制太多,七限制,八限制,把人民的积极性都限制没有了,怎么出人才?"大学教师和学生同样都要求宽松的学习环境、柔性的学习环境。大学里多一些自由的学术空气,可以放开教师的手脚,不受或少受点约束。给学生在选课、选科、选时、选师等方面更大的空间,实在是当务之急。我们要培养学生的创新创业素质,就要使学生个性得到充分发展,为学生营造宽松的学习环境,尊重学生的人格和自主意识,相信每个学生都拥有巨大的智慧潜能和创新创业能力,倡导自主学习和自由探索。学生可以自己定目标,自己选内容,自己充分表现和相互交流,师生关系民主,鼓励学生多提问题。要积极围绕培育创新人才这个中心,从收治思想、学术科技、文艺体育等方面的校园文化入手,寓思想创新、学术创新于娱乐性、服务性之中,为大学生的实践观、价值观、人生观、审美观的形成创造良好的育人环境,为社会主义现代化建设培养大批高素质的创新人才,高校教育工作要善于在氛围、环境、导向上开展工作让良好的创新氛围在学生创新意识培养中发挥潜移默化的作用。要加强对培养学生科技教育与人文教育协调发展的认识与探索,要重视人文艺术类学科的活动对科技创新的触动作用,积极营造良好的软硬环境。要大力支持组建不同学科背景的学生团队。尤其应该指出的是,学校、社会在创造条件、鼓励学生从事创新活动的同时,更要注重培养创新文化、创新精神,创造宽松的氛围,营造包容失败的环境。

学校保证课外科技创新和创就业教育保障措施到位。学生无论在校期间还是毕业以后,进行项目创新或创业活动时,能得到学校一如既往的支持、教育、辅助和跟踪指导。

学生在实训基地(如制作、发明、创新等)、学科活动(如课外阅读及图书资料利用、学科兴趣小组活动等)、社会实践(如参观访问、专题调查、社会服务等)、文体活动(如文艺会演、篮排足球竞赛等)等各类课外科技活动中,经教师协力引导、咨询、帮助、沟通,在学生之间、师生之间搭建起心灵的桥梁,促进合作与交流,通过集体竞技比赛培养班级合作精神,训练小组辩论赛中的协作能力、军训培养纪律观念和集体主义觉悟。既集聚锻造了学生的学习、创新能力,还培养了学生之间的合作、研究能力。让学生置身于团队之中,汲取集体的智慧和力量,领悟到与他人合作的喜悦,成为竞争的强者。充分发挥学生的自主性、能动性和创造性,让学生学会主动收集资料、获取信息,学会应用所学到的知识和技能,学会探索、研究,学会思维、创新,学会与人相处、共同合作。既培养学生的合作技能,又培养学生的创新能力。

三、更新教育和管理服务观念,发挥学生的主观能动性

首先,将以人为本的教育观念渗透到教育的全过程。树立终身教育观、创新教育观和科学发展教育观。高等教育作为终身教育一个重要阶段,高校必须明确在这个阶段学校给予学生的不是为某一具体职业而进行的狭隘的训练,而是为学生提供一系列最佳选择的课程和进入与离开高等教育系统的灵活措施,为学生受教育的连续性创造条件和深化基础,以促进终身教育的实现,保证学生终身创造性发展。校园文化涉及的内容、范围比较广泛,各学校的校园文化建设的差别也很大,但从培养创新创业意识、创新创业能力的角度来说,校园文化的内容至少应该包括:崇尚真理,尊重科学,推崇民主,积极进取等几个方面。在教学过程中,应该使每一个学生感到自己的个性受到尊重,都能感受到教师本人对他的关怀。任何一名学生都不会因被怀疑没有才能而受到侮辱,在各自学校里,在各自班级里都能够受到保护。创新教学应以发展健康的师生关系为重要任务,在教学中,尊重人的本性与价值,师生间互相尊重,教师不以权威自居,学生也不唯命是从;既保持了师道尊严,又使学生充分发挥自己的主观能动性。

其次,建立促进个性发展的教学观。教师要采取有效措施,创设能够吸引学生热情参与的教学情景和气氛,使学生产生一种内在的学习要求,自觉地投入学习活动中,成为学习的主人。这种教学观的确立将改变传统课堂教学的学生横成行、竖成列、统统面向老师的空间结构,减少教师单独讲授的时间,增加教师与学生的对话以及小组讨论、组间交流的时间,使师生间的交流成为教的活动和学

的活动的互动，使整个课堂的师生群体在教学活动中形成双边多向、多种形式交互作用的网络，在平等和谐的交往氛围中，培养学生的个性人格。教师不是把现成的结论提供给学习者，而是从学生好学、好问、好动的心理特点出发，让学习者自己去发现、分析和解决问题，主动地进行学习，使学生成为知识的积极发现者，而不是消极的知识接受者。其目的在于发展学生的创新思维，培养学生的创新素质。这样就能营造出研究问题的情景，产生学习的内在动因，并在学生的意识中引起类似的科学研究的任务和问题，促使他们努力去探索和掌握科学结论，从而提高学生的创新素质，发挥学生的创新潜能。只有这样，教师才不会在课堂上对学生进行大量的知识灌输，而是想方设法把学生的眼光引向校园外那个无边无际的知识海洋；不会让学生去死记硬背大量的公式和定理，而是煞费苦心地告诉学生怎么样去面对陌生领域去思考问题、寻找答案；他们会竭尽全力保护学生的探索精神和创新欲望，为学生的创新素质培养搭桥铺路。

最后，确立和谐发展的管理服务观。管理的根本任务之一，就是为被管理者提供优质的服务条件，而要做到这点，必须确立和谐发展的管理服务观。即在管理事务中，要体现灵活、系统、动态、生命等原则，应最大限度地满足广大师生的需求，从而提高管理服务质量，为大学全体教职工提供最优质的环境条件。在大学的管理中要体现出平、公正、公开的精神和科学的品质，创造一个具有共生、多样等特征的优良环境，为大学师生创新性工作和创新性学习提供自由的空间，使师生的个性和聪明才智得到充分的展现，以实现他们的价值。通过生态管理可以使大学中的科研、科技成果的转化和知识服务建立起良好的与社会生态系统的交流与合作关系，为大学与其他生态系统经常进行能量、信息交换提供最优质的服务条件，促进大学科技创新的发展。管理服务观的建立，将能激发校园主体的事业心，鼓舞他们的意志，从而使校园主体团结一心建设好校园，促进大学创新人才培养事业健康而稳步地发展。要注重学生在受教育中的权益，要求学校选择一流的教师、设备及管理服务人员为学生的学习、生活提供一流的服务，使学生接受最现代化的教育，充分发展个体创新潜能。要求管理服务人员将学生看作有独立、平等人格的主体，尊重学生，在工作中以合理的方法态度为学生的学习、生活提供条件，而不是以权利、地位限制约束学生，阻碍学生个性健康发展。也只有做到这点大学才能经常进行自我更新，改善各种环境条件，培养出“适销对路”的产品——社会需要的、全面发展的、具有创新创业素质的大学生。

世界局势风云变幻，国际竞争日趋激烈。而竞争的实质是经济实力的竞争，关键是科学技术的竞争，归根结底是具有创新创业素质的人才的竞争。高等学校在向学生传授知识和技能、教他们怎样做人的同时,更应注重培养具有创新创业素质的新型人才,这是时代赋予高等学校的历史使命。

培养大学生创新创业素质是一项系统工程,不仅涉及教育教学观念、创新评价机制、民主宽松的环境、管理服务意识和教师的创新创业素质情况,还和大学生自身的社会责任意识、问题意识、创新人格、知识结构、实践能力等密切相关。

培养大学生创新创业素质,要求我们改善有利于当代大学生创新创业素质培养的外部环境,营造有利于创新人才成长的社会和学校环境;积极探索教育教学改革的有效途径;建设一支有创新素质的教师队伍;进一步加强校园文化建设。同时还要营造有利于当代大学生创新素质培养的内部条件:进一步加强大学生思想政治教育,增强大学生的社会责任感;强化大学生的问题意识,鼓励大胆质疑,激发进取精神;塑造大学生;大力开展创新实践活动,培养大学生动手操作能力。只有做到了这些,才能为健全的创新人格,培养敢于面对成功与失败的精神;优化大学生的知识结构,培养社会适应性人才创新创业人才培养提供成长的舞台。

第四章　新工科人才创新能力培养的行为培育支持体系

人格泛指一个人具有一定倾向性的心理特征的总和，这些特征通常表现为个性特质。人格是个体的一种本质的存在状态，是人的尊严、价值和品质的体现，也是一个人在社会或集体的地位和作用的统一。

中外的大量研究表明，创新不仅是一个能力开发，也是一个特质培养。换言之，要提高一个人的创新能力，也需要培养与创新有关的个性特质，创新人格的培养是培养与创新有关的个性特质的一个重要途径。创新人格主要包括意志、观察、乐观、独立、幽默、富于社会责任感等人格品质。创新人格是当代大学生必须具备的基本心理素质。

心理学研究表明，在智力因素相近的情况下，人格因素可能成为创新能力的关键因素。美国心理学家托伦斯在对创造性学生行为特征的研究中、也发现，他们的特征是：好奇，不断地提问；思维和行动的创造性；思维和行为的独立性，个人主义；想象力丰富，喜欢叙述；不随大流，不过多依赖集体的意志；主意多；喜欢搞试验，顽强、坚韧；喜欢虚构，富于幻想。一些调查研究显示，我国大学生较为忽视创新中的幽默和审美品质，这带来的影响是：对创新的概念认知和价值判断重社会性而轻独创性，重实用性而轻审美性。此外，我国大学生还大多将创新代表人物与学界、政界、商界的名人联系起来，缺乏对创新的大众化认识。由此可见，完善创新人格需要加强对创新中幽默、审美特质的认同及对大众化创新表现的追求。

第一节　新工科人才创新创业能力心理素质的培养

人各种各样的活动处处充满着丰富的心理内容，通过心理反应作用于人的机体，靠人的心理平衡与心理活动来维持。而心理平衡与心理健康有直接关系，所以良好心理素质的培养是人心理健康的必然需要。随着科学技术的发展，行业和用人单位对人才的素质提出了更高的要求，不仅需要从业人员具备良好的心理品质和文化素养，而且需要他们具备精湛的专业技术水平和勇于创新的精神，需要他们具有善于合作、真诚待人、团结奉献、热心公益、诚实守信等超常的人格修养。

良好的心理素质是培养创新人格的必备条件。具有良好的心理素质的人，能使身心向健康方向发展，拥有保持平静的情绪、敏锐的智能、适应社会环境的行为和愉快的气质，使人的智力正常、情绪稳定、行为协调、人际关系和谐、反应适度。

美国学者巴伦于1969年归纳了科学家共同的人格特征：高度的自我坚定力以及稳定的情绪；对于独立与自治有强烈的需要，自我满足，自我领导；有效地控制冲动；超常的能力；喜欢做抽象思考，并有求知和赞美欲望；具有高度的自我控制力及强烈的意识等等。所有这些人格特征都是以良好的心理素质为前提的。

大学生培养良好的心理素质，一般分三个方面进行。第一是加强智力因素的培养；第二是培养非智力因素；第三是培养良好的抗挫折能力。

一、智力因素的培养

智力因素的培养包括观察力、记忆力、想象力的培养等。

(一)敏锐的观察力

观察是一种受思维影响，比较有系统的、主动的、有意的知觉活动。观察是人们认识世界和增长知识的重要途径，观察在人们的日常生活中扮演着极其重要的角色。善于观察的人会不断发现生活中的乐趣和美，善于观察的人会为周围人们的点滴祝福而感到幸福，善于观察的人更容易把握稍纵即逝的成功机会。因此，培养好的观察力会为每一位成功者创造良好的条件。世界球王贝利在总结自己的足球生涯时说："我踢球的最大特点是善于观察。"著名科学家巴甫洛夫从长期的科学研究中总结出一条重要的经验就是"观察，观察，再观察"，这条经验充分肯定了观察在科研活动中的重要性。

培养精确的观察能力可尝试以下几种方法：

1.回忆法

这是达·芬奇常用的一种方法。他曾让学生先注意某个物体，然后闭目回想它的所有细节，之后重新看这个物体，检查一下头脑中的表象有多少和原物符合，有多少不符合。做这种练习，可以自我检索，简便易行。如果有几个人一起互相问答，切磋琢磨，效果更好。

2.程序法

程序法指的是按一定顺序观察。有人曾做过一个试验,让小学四年级学生分两组观察一只小乌龟。甲组不做任何提示,然后让他们描述,结果只能说出四条腿,一个硬壳、脖子能伸缩等最粗略的特征,很不细致,也不准确,乙组让他们按头、躯干、四脚、正反面的顺序进行观察,结果大不相同,单是头部就能按顺序说出:头呈三角形、眼睛黑亮像一粒米大小、鼻孔细小像两个小针眼、嘴紧闭着像一条线一样……这种顺序,可按空间部位的不同排出观察者或被观察物体的观察顺序,也可以按时间,排出时间先后或情况变化的顺序。

3.做记录

记录有利于收集和整理资料,也能促进观察的细致和准确,同时表达能力也受到训练。具体方法很多可以灵活掌握,如做卡片、写摘要、记日记、整理分析材料等。

(二)超强的记忆力

记忆是过去经历过的事物在人脑中的反映。记忆是积累知识的基本手段,也是高级心理过程形成的基础。记忆在人的生活中、在科学实验和生产实践中、在学习过程中都有重要意义。应有计划地按学科系统整理出需要记忆的知识和记忆方法。

怎样增强自己的记忆力呢?

1.积极暗示法

许多人之所以记忆力不佳,是由于对自己的记忆力缺乏自信。在面对一个要记的材料时,这些人常常想:“多难记啊!”“这么多,我能记住吗?”这些想法是提高记忆力的最大障碍。美国心理学家胡德华说:“凡是记忆力强的人,都必须对自己的记忆充满信心。”要想树立起这种信心就要进行积极的自我暗示,经常在心中默念:“我一定能记住!”当你对能否记住缺乏信心时,也可以回忆自己过去的成功经验,如“我的各科考试成绩在全班排前五名”“我几岁的时候就能背许多唐诗”。当这些过去良好的记忆形象再次浮现时,会增强你“一定能记住”的信心。

2.精细回忆法

我们在平时的学习和生活中,识记了很多东西,却很少去回忆。识记和回忆之间的不平衡,使我们的记忆变得十分模糊。经常回忆、回忆得尽可能精细是锻炼记忆力的好方法。比如,回忆一间你非常熟悉的房间,想一想房间里都有什么,门窗朝哪开,家具都摆放在哪里,墙上挂有哪些装饰品,暖气片和电灯开关在什么地方等。要回忆得尽量完整无缺。当你再次回到房间时,检查一下你遗漏了什么。想一想一小时前你在做什么,你在哪里,和什么人在一起,你们在一起都说了什么,那个人长的什么样,你如何向别人描述他的长相。回忆一下你最近看过的电影,电影里都有哪些主要人物,发生了什么事,他们都做了什么,结局如何。要尽可能回想电影中每一个镜头。回忆一下你童年的伙伴,你们在一起都做过什么,还能记起他们的名字吗,他们的家都在什么地方。

3.奇特联想法

联想是促进记忆的一种方式。比如,我们遇到一个生字:"咩。",该字由口和羊组成,口即嘴,羊的嘴,除了吃草,还会叫。羊怎么叫?"咩……",字义出来了,字音也知道。咩,羊叫之声,读"miē"。

奇特联想是联想的一种,即将要记的东西在头脑中人为地形成一种稀奇古怪的联想,从而帮助记忆。比如,要想记住"狗 - 自行车"这对词,我们可以想象"狗骑着自行车在马路上逛来逛去"。有人要记"火车、河流、风筝、大炮、鸭梨、黄狗、闪电、街道、松树、高粱"共十个词,他形成如下奇特联想:一个人登上了高速的火车,火车在河流上奔驰,河流上飘来一个大风筝,风筝上架着一门大炮,大炮的炮筒里打出来一只鸭梨,鸭梨打进黄狗的嘴里,黄狗像一道闪电,迅速地路过街道,爬上一棵老松树,咬住了老松树上长着的一棵高粱。

4.限时强记法

在规定的时间里去背诵一些数字、人名、单词等,可以锻炼博闻强记的能力。比如:在 3 分钟内背诵圆周率 π 小数点后 30 位数字:3.141592653589793238462643383279;在 2 分钟内背诵十个陌生的人名;在 10 分钟内背诵十个外文生词。

5.记忆保健操

在头颈后部找到"天柱""风池"二穴,将两手交叉于脑后,用拇指的指腹腔按压这两个穴位,每次按压 5 秒钟,突然加压,然后将拇指移开,按压 5 ~ 10 次后,会感到头脑清醒。

(三)丰富的想象力

想象就是人在感知客观事物和已有知识经验基础上,在头脑中形成和创造新形象的心理过程。有人生活的地方,都离不开想象。爱因斯坦说:"想象力比知识更重要,是知识进化的源泉。"黑格尔在《美学》一书中指出:"最杰出的艺术本身就是想象。"

一个音乐家在作曲时，要在头脑中不断地将音符进行组合，直到形成一段美妙的旋律。而画家在创作时，要在头脑中模拟各种色彩的搭配，还要模拟图画中各个图景的布局。销售人员在会面一个客户时，他需要在头脑中预演见面的情况，当对方不耐烦该怎么办，当对方秘书挡驾该怎么办，当对方提出一个刁钻的问题该怎么办，并且针对不同情况要考虑自己该说什么话，该有怎样的行为举止。这些都需见面前在头脑中进行模拟。这些都是想象力的表现方式。

一个年轻人在工程队中从事道路施工的工作，当工程队挖坑修路时需要一个红灯池来提醒路人。但是不巧，正在修路时却发现红灯泡没了，在别人不知该怎么办时，这个年轻人想出了一个主意，他找了一块红布将灯泡裹上，这样就起到了红灯池的作用。这个年轻人显然很有想象力，他最后发展得很不错，受到了提拔重用，从一个普通的员工变成一个独挡一面的领导者。

想象的真实依赖于真实的想象，真实的想象奠基于已有的知识。巴甫洛夫曾做过这样的比喻："无论羽翼是多么完美，如果不凭借空气，它是永远不会飞翔高空的。事实就是科学家的空气。你们如果不凭借事实，就永远也不能飞腾起来。"想象与事实是科学展翅高翔的羽翼和空气，想象使科学突破狭隘的现实，飞向广阔无垠的宇宙。"人类失去联想，世界将会怎样？"这是著名的计算机集团——联想集团的广告词，认真地品味一下这句脍炙人口的广告词，我们是否会对自己的学习、生活和未来产生更为开阔的"联想"和"想象"呢？它是否会激发我们对更美好事物的追求呢？

二、非智力因素的培养

长期以来，我国学校一直强调智力教育。主观上虽注重学生的全面培养，但对学生的非智力教育尚未给予高度重视。传统学科的专业教育大多考虑的是知识、学科、智力等方面素质的培养，对能力的、非智力的、综合性的素质缺乏关注。很多教育工作者错误地认为雄厚的基础知识和精深博大的专业技能就是创新能力的全部内涵，其实不然。比如，通过无数次考试进入同一学校的学生，他们智力因素的差异并不明显，为什么离校时能力差别却十分明显，其中的原因，就在于智力以外的因素——非智力因素。目前众多教育主管部门已开始重视非智力教育并采取了一些措施，但由于受传统教育的影响，人们对非智力教育的认识仍存在许多盲点和误区。有的人认为实施素质教育，倡导创新教育，加强非智力因素的培养是教育部门的事、学校的事，这就导致应有的家庭教育、社会教育严重缺乏；有的人认为非智力教育在城市中用得着，在农村实在没有必要，只要教给知识、技术就可以了;有的人认为搞非智力素质教育就是以智力、文化学习以外的活动为主,甚至更简单地认为就是蹦蹦跳跳、唱唱演演等,进而认为这样会荒废学业,影响育人质量,从而贬低非智力教育,还有的人认为加强非智力素质教育就是否定乃至最终取消考试这一评估手段。这些看法都是错误的,最终会导致学生学习失去压力、动力。

非智力因素的培养包括培养学生正确的道德观,积极向上的学习兴趣,良好的性格、气质、能力,使学生能正确认识周围世界,有良好的适应能力;有自制力,能经受挫折,战胜自身和外部的各种困难:有自信心,善于与人相处,乐于助人,以积极的态度对待生活,学习兴趣的培养、抗挫折能力的锻炼以及团结协作的能力等在后面专门阐述。

三、培养良好的抗挫折能力

人生的道路不可能一帆风顺,总会遇到坎坷,就像晴朗的天空会出现乌云,美丽的草原会跑来狼群,平静的海面会掀起巨浪一样。挫折是人生活的一部分,具有不可避免性;挫折是令人不快的,但它又是可以控制的:挫折是一所学校,能教人们学会生活。挫折是指人的意志行为受到无法克服的干扰或阻碍,预定目标不能实现时所产生的一种紧张状态和情绪反应。挫折包含了三层含义:挫折情景、挫折认知、挫折反应。当挫折情景、挫折认知、挫折反应同时存在时,人们便体验到了心理挫折。

挫折对人有弊也有利。挫折对于抵御挫折能力强的人来说是一种动力,它可以激发个体的意志,使其更坚定地朝着自己预定的目标奋力前进,直至达到目标。在这个过程中,他们可以面对现实社会,不断调整自己,不断战胜困难,体验成功的喜悦,积累成功的经验,不断增强自信心,提升人生价值感。但对抵御挫折能力弱的人来说,挫折是毁灭,会把人压折了腰,他们通常表现为不能正视现实,经常采取逃避行为来应付自己所处的环境,当遇到实力强大的外部矛盾对立面时,就会把攻击的矛头指向自己,自虐自残。

(一)提高抗挫折能力

如何应对我们面临的各种挫折,提高我们的抗挫折能力呢?首先,我们要坦然接受不可避免的事实。在漫长的人生路上,我们总会遇到各种挫折,面对挫折,我们要正视、接受,切不可逃避。正视与接受挫折是提高抗挫折能力的关键性一步。荷兰人有一句名言:事情既然已经是这样,就不会成为别的样子。勇于承认事情就是这样的情况，平心静气地接受已经发生的事情是克服更多不幸的第一步。逃避有百害而无一益，逃避不等于主动放弃，主动放弃是个体通过审时度势，承认自己“不能”。因为并非所有的挫折我们都能够战胜。面对无法克服的障碍我们主动放弃，就等于在前进的道路上又多了一种选择。正所谓“退一步海阔天高”。

其次，要学会心理调适，主要是学会克服消极不健康情绪的方法。可以采用情绪宣泄、目标转移等调适方法，尽快把挫折带来的忧虑、悲伤、痛苦等不良情绪排遣掉。比如，当遇到挫折时适度地排泄心中的不快，或是向朋友倾诉，或是唱歌、打球，通过心理调适，减轻挫折对个体的压力，最大限度地降低挫折带来的心理压力。

最后，还要树立正确的人生观。心理问题并非都是思想问题，但是，正确的人生观有利于个体正确看待人生的挫折。人生本身就不是一帆风顺的。求学阶段的挫折为磨炼人生提供了难得的机遇，这是人生的一笔财富。所以，大学生一定要有正确的人生态度，只有人生观正确了，才能正确对待求学过程中遇到的各种挫折。

那么如何培养学生的抗挫折能力呢?

(1)对学生的培养既不能庇护，也不能轻视。怕学生遭受挫折而处处替学生做事，剥夺了学生体验挫折的机会，他们自然就没有战胜挫折的经验。当他们一旦失去保护，必须自己面对挫折时，比起早已经受过挫折考验的人，对于挫折的感受将是更大的。而那些从来没得到过支持的学生，在长期孤立无援中学会了冷漠，扼杀了学生的创造积极性。

(2)要认识到，挫折是每个人生活中的组成部分，经受挫折考验是健康成长的基石，是必经之路。面对挫折要有较充分的心理准备。把挫折看作是迈向成功的起点。

(3)在遇到挫折时，学会分析总结经验教训，鼓励自己学会采取积极行动来弥补挫折带来的结果，从而修补心理创伤。

(4)对即将发生的事件做出成功或失败的正确评价，以面对即将发生的结果。不至于感受到太大的心理落差。

(5)调节自己的抱负水平，不过高地估计自己的能力，导致过大的失落感；也不过低地估计自己的能力，错失成功的机会，体验不到成就感。

(6)建立和谐的人际关系，在同学和老师中取得更多的支持和帮助。与同学间的相互倾诉可以减轻内心的压力，同学间的相互接纳使学生满足被他人尊重的需要，体现自我价值，减少了一个挫折源，建立了一个良好的社会支持体系。

一般来说，个性特征明显、善于发现问题、有冒险精神、富于挑战性、想象力丰富的人更具有创新能力。在创新能力培养过程中，非智力因素尽管不能直接转化为创新能力，但它决定着知识积累的深广度和智力投入的高低度。在主体知识水平相同、智力相差不大的情况下，非智力因素对主体创新能力的发展起着十分关键的作用。

(二)注重人格修炼

1.树立高远理想

时代呼唤创新精神，民族需要创新智慧，大学生只有勇于创新，才可能产生质的飞跃。那么，你为什么要创新？创新目标是什么？从大处说，是党和人民培养护佑了我们，当然要懂得感恩，“报效国家，服务人民”，为社会主义小康社会建设增砖添瓦，为实现中华民族屹立于世界民族之林的中国梦贡献一分力量。从小处说，市场竞争激烈，各行各业寻求生存发展，就业十分困难，现代大学生只有具备创新能力，能“展现自我，奉献社会”，才能多一份生存发展机遇。这既是创新理想，也是创新动力；既是人格修养目标，也是做人动力。没有这个高远的人生航标，既不可能成为国家有用之才，也不可能成功创出累累成果。

2.品格修炼方法

(1)利用心理暗示鼓励自己。利用心理暗示提升心理素质的做法就是：经常默念简洁、明确、正面、充满自信的口号。如法国心理学家艾米尔·古埃写下这样的话：“每天，在我生活的每一个方面，都越来越好。”每天大声重复这句话几十遍或上百遍。

我们早上起床，不妨对着镜子，配合手势说：“我很棒！我真的很棒！我真的真的很棒！”讲第一句时，右手先拍胸，然后竖直大拇指从胸口将右手伸出；说第二句时，中左手重复右手做的动作；说第三句时，双手一起做。后面两次也照同样方法进行。

上学前和晚上睡觉时，对自己说：“我很棒！我真的很棒！我真的真的很棒！”

做完之后称赞自己今天获得的成果，如“我今天作业做得很好，我今天上课收获很多”“我的性格很开朗，我待人很热情”，称赞的内容依据自己的实际情况而定，不用拘泥于上面的内容。坚持每天带着强烈的信念和愿望为自己鼓劲加油！

(2)暗示发掘人的记忆潜力,有人让两组学生朗读同一首诗。第一组学生朗读前,告诉他们这是著名诗人写的诗,这就是一种暗示。第二组学生在朗读前,不告诉他们这是谁写的诗。朗读后立即让学生默写。结果第一组学生的记忆率为56.6%,第二组学生的记忆率为30.1%。这说明权威的暗示对学生的记忆力有很大的影响。

(3)改变自己和分析自己。改变自己是最难的事,创新者改变了自己,也就改变了所处的世界。改变自己当然要靠自己。一是可以看创新者读什么书,读成功人物的传记和励志的书可以帮助人们找到信心和勇气,因为许多成功人士也有信心不足、迷茫、挫败、失望甚至绝望的经历。如《钢铁是怎样炼成的》的作者奥斯特洛夫斯基曾一度想开枪自杀,当他克服了失明、肢体残疾的障碍后,在他人脑里充满了光明的世界;为了激励自己和青年,他奋笔疾书,写下了不朽的名著。二是看创新者接触什么人。接触成功人士,拜成功人士为师,都会使自己活得自信,完全相信自己。

(4)承受挫折磨炼意志。创新意志是一种超常的主观能动性,突出表现为敏锐洞察事物发展趋势和关键环节的能力,并能准确地制订行为目标,以坚定的信念一往无前,最终实现创新目标。意志是自动支配和调节行为的心理过程。创新过程中,有坚强性、坚韧性和坚毅性意志的保障,才能在困难面前决不退缩、持之以恒地将创新行为维持下去。宋代文学家苏轼说:“古之立大事者,不唯有超世之才,亦必有坚韧不拔之志。”若拥有创新意志,便不会避风险、畏艰难、惧失败,具备不达目的不罢休的气概,得以克服常人难以克服的障碍,战胜常人难以战胜的困难。

在创新面前遭遇困难时,易产生挫折感,缺乏锲而不舍、百折不挠的毅力;创新激情满怀,但来去匆匆,缺乏恒心。青年阶段的意志品质具有很强的可塑性,可通过有意识的自觉磨炼、强化自我修养、积极心理暗示等方法,逐步提高自我控制能力,养成持久坚韧的毅力。

可按常规训练方法坚持训练,激发学生在快乐学习氛围中的竞争意识,提高他们抗挫能力和战胜困难、勇于拼搏、积极进取精神和坚强的意志品质。根据学生承受能力、情绪状态、态度情况等实际情况,设置适宜的挫折,培养学生的耐挫力,在困难中磨炼意志,培养学生吃苦耐劳精神。让每位学生肩背一定的“只要努力定能创新”“别人能成我也能成”“若不努力必然落伍”“害怕困难则一事无成”的包袱,有意让他们体验“动脑”“流汗”“失败”“羞辱”等挫折,不断培养学生顽强的意志品质,并凭借顽强的意志,最终战胜困难与挫折,实现创新目标。

(三)健全心理素质

经常按对自己进行心理素质测试,找出影响创新的心理障碍。然后,有的放矢地运用以下方法进行调试。

1.心理障碍调适

良好的创新心理是开发大学生自我创新潜能的助推器。要破除阻止大学生创新心理的障碍,一定要破除定式思维。要在学习过程中不断吸纳新思维的精髓,扩大知识来源;培养新思维精神,保持积极进取的心态;不断研究新思维,突破习惯束缚。

2.消灭畏难情绪

畏难情绪是一种伤害创新意识的毒剂,它会使你安于现状、不思进取,远离创新的前沿阵地。要引导大学生客观评价困难,而不是盲目夸大困难;要敢于尝试,勇于实践,并能正确看待失败。

3.克服自卑心理

许多大学生认为,创新高不可攀,非等闲之辈所能问津。他们往往认为自己才智平平,要想有所创新简直天方夜谭。要引导大学生充分认识自身的优势和强项,树立正确的创新观和认识观;学会用自己的长处来鼓舞自己,用自己的短处来警诫自己,坚信"天生我才必有用"。

4.改变慵懒习惯

创新源于勤奋,憎恶懒惰。有的大学生懒惰成习、懈怠成性,不愿做艰苦的探索和繁杂的发明尝试;整天无所事事、虚度年华,不愿振作精神,投入创新实践。要知道,思想上的慵懒和行动上的懈怠,会使他们失去进取精神和开拓意志,从而难以在创新方面有所作为;要引导他们做好长期探索、不断追求的思想准备,勤于思考、勤于探索、勤于实践、勤于创新,养成多想、多问、多写、多干的好习惯,使慵懒和懈怠远离自己。

(四)调控自我情绪

情绪是人们对于客观事物是否符合自己的需要而产生的一种内心体验,是人的需要得到满足与否的行为反映。情绪能影响认知操作效果,情绪的波动可帮助人们思考未来,考虑各种可能的结果;还可帮助人打破定势,或受到某种原型的启发;使人们创造性地解决问题。特别是在茫然的情绪出现时,不仅会打断正在发生的认知活动,而且这种情绪可以被利用来审视和调整内部和外部的要求;把注意力集中于情境中最重要的刺激,更有利于抓住问题的关键而解决问题。情绪还具有动力的作用,能激发动机来解决复杂的智力问题。

美国心理学家艾森研究情绪对创造力的影响发现,看喜剧片的75%学生,能圆满完成创造性测试作业;看一般片的10%学生,能勉强完成作业。可见,欢乐、愉快、积极的心情可激发大脑思考能力,有助于创造力。愉快、平稳、良好的情绪,能使大脑处在一个相当兴奋的旺盛时期,促进思维活动迅速展开,容易产生很多想法、意念,有利于提高学习、工作与创新效率。相反,情绪低落、消沉、萎靡不振会使大脑皮层如推理、辨别等高级活动受到抑制,导致记忆力减退,自制力下降,而降低学习、工作与创新效率。同时,消极情绪会使个体处于无法自控状态,易伤害他人,破坏团体间的人际关系。因此,应学会管理自己的情绪,经常保持良好的心态、乐观的心理、快乐的情绪,这些都是事业成功的关键。

保持良好心态、乐观心理、快乐情绪是事业成功的关键。当代社会充满了残酷的竞争,优胜劣汰是市场法则,面对机遇和事业,并不是每一个障碍物都能够顺利越过的,所以保持良好心态尤为重要。怎样才能保持积极、乐观、愉悦、向上的心理状态呢?不要因为一次失败就全部放弃,这条路不行,试试另外一条路,正所谓条条大路通罗马,说不定其他途径会给你带来意外的惊喜;换一种思维方式,说不定有更巨大的发现;拥有乐观向上的心理和快乐情绪其实并不难,只要有一种豁达的胸怀,经常笑口常开,一首喜欢的歌、一杯清心的茶、一部离奇的小说,都可带你脱离困境,给你带来新的快乐与欣喜。在这种心情、状态和感觉下,就可发挥出创造力。

1.合理宣泄情感

在创新过程中难免会遇见各式各样的挫折和困难。受挫之后,心理上处在焦虑、愤怒和冲动的情绪之中。适度合理的宣泄可以释放消极情绪,缓解紧张状态。具体“宣泄”方法如下。

(1)学会倾诉。培根说:“如果你把快乐告诉一个朋友,你将得到两份快乐;如果把忧愁向一个朋友倾吐,你将分掉一半忧愁。”产生消极情绪时,不妨找几个同窗好友相聚,就事论事倾诉一番,积郁的消极情绪也会随之倾诉出来。

(2)表情调节。通过改变或调节人的外部表情,相应地可改变或调节人的情绪状态,美国心理学家杰克布松研究发现,人在发生情绪波动时总是伴随一定的肌肉紧张,如果这些肌肉紧张得到放松,就能减轻或改变人的情绪状态,随之消除紧张、恐惧和不安感。当处于紧张状态时,有意识地放松面部肌肉或用手轻搓面部,即可调节情绪状态和提高竞技力。

(3)运动调节。情绪烦恼是一种难以释放的负性能量,有节律的运动如跑步、打球、游泳、器械操等,可将这样的能量通过汗水释放出去;提高人身体技能、知觉和控制力,增加血液循环、调节心率,让人的精力在短时间里得到恢复。同样,运动是在一定程度上转移了大脑对心理压力的关注,使人的注意力发生转移、情感得到发泄、紧张的情绪趋向稳定,为淤积的各种消极情绪提供合理的发泄途径,达到心理平衡。

除此之外,还可通过适度流泪、转移法、呼吸调节法等进行情绪宣泄。

2.学会释放压力

压力是个体在创新过程中因情境改变,事件琐碎、心理挫折与冲突产生时,表现出的非特定性生理系统变化的特殊症状。

在当今知识经济飞速发展的时代,人人都面临着巨大的压力,学生有升学压力、考试压力;职员有工作压力、失业压力,大大小小的压力使人感到压抑,心情很难好起来,从而阻碍人的思维火花,削弱人的创造能力。因此,关键是要保持积极良好的心态,学会缓解、调节各种压力。只要能够正确认识压力,掌握压力常规释放方法,适当灵活处理压力,才会在任何压力中游刃有余。

3.发挥情商作用

情商为情感智力,表现为通过言语和非言语(如面部表情或手势)手段,将自己和他人的情感识别、评价和沟通表达出来,以求解决学习、生活、工作与创新中相关问题。

心理学家对贝尔实验室工作人员调查研究发现:该实验室科学家和工程师的学识智商都很高,然而经过一段时间后,一部分人已成果斐然,另一部分人却泯然众人。原因是:前部分人有广泛的交际网,信息来源多而快,思维敏捷灵活,能形成智慧互补叠加,所以出成果快;而后一部分人不善人际交往,缺乏信息来源,所以出不了成果。可见,人际智慧多么重要。无论在事业奋斗上,还是创新研究中,发挥好情商作用,能助人快出成果,多出成果,出大成果,收到事半功倍的最佳效果。

(1)心态要乐观进取。情绪对一个人的影响很大,当你情绪高昂的时候,思维能力十分旺盛,大脑处在相当兴奋阶段,很多想法、创意容易产生,这时的创造力很强。相反,如果你总处在意志消沉、萎靡不振的状态下,大脑思维也会消沉,哪会有创造力。

快乐是一种心情,是对事物的兴趣,是对生活的态度。快乐心情既能融化一切困难，也能焕发他人同情好感，还能激发人的创造潜能。善于快乐思维的人，能将苦恼转化为快乐，从光明角度看世界。人生旅程不可能一帆风顺，既有阳光沐浴，也有风雨侵袭。面对纷繁复杂的人生，关键看你把目光“聚集”在哪里？如果聚集在痛苦烦恼上，生命就会黯然失色；如果聚集在快乐幽默上，持积极、乐观、进取心态，就会在所从事的事业中有所发明。

幽默是一种素质，同快乐一样充满智慧，在日常工作、学习、生活和交际中发挥着重大作用。同样的事情，用幽默的语言说出来会更加有力量、令人振奋、难以忘怀。

难怪杰出的成功学大师卡耐基说：“如果一个人不能从工作中找出乐趣，那不是工作本身枯燥的缘故，而是他自己不懂得工作的艺术。”你的生活观念如何，关键是由你的思维方式所决定。善于用愉快心情从事繁重工作的，就能使工作变得有趣，并能收到事业丰收的效果。

乐观进取其实是自信心的充分表现，自信犹如一根神奇的魔杖，既能打消忧郁，也能激发灵感，是产生快乐的源泉，怎样培养人的乐趣与快乐精神？如何激发创造潜能和融化困难的意志？只要将乐观进取信念根植心中，坚持进行“10 天心理挑战”训练。10 天中，第一，尽量消除消极情绪，不说一句消极的话；第二，当发现自己出现消极情绪时，立即将其调整到积极状态上去；第三，始终把意念“聚焦”在解决问题的办法上，不让自己为问题烦恼或生气。这样，用积极心态取代消极心态，就自然有助于激发人的思维潜能和创造力。

现实生活中，每个人都要做一些自己感兴趣或不感兴趣的事。做有兴趣的事，人的需求得到满足，心理上自然产生快乐。即使遇到困难挫折，也会想尽办法克服，把个人潜能充分发挥出来。正如物理学家波恩在回忆录中写的：“乐趣始终是他搞科研工作的主要动力。”但往往做没有兴趣的事，是生存的需要。只要有责任感、愉悦感和奉献精神，同样也可以做得出类拔萃。很多事都是从陌生和不感兴趣开始，时间长就熟了，也就慢慢感兴趣了。世间万事都能引起我们快乐，关键看如何寻找。用创新思维的视角看问题，就能在逆境中看到胜利的曙光，从而引发快乐。如果一个人能够真心地奉献于他的事业，那么他的生命一定闪耀着奇光异彩，充满着喜悦欢乐。

（2）意志要勤奋坚毅。勤奋是进取精神的具体表现，创新不是靠天才，而是靠勤奋。爱因斯坦有个著名的“成功公式”，即“成功 = 艰苦劳动 + 正确方法 + 少说空话”。他建立了相对论，人们认为他的大脑可能和普通人的大脑不一样。他去世后，对他的大脑进行了专门研究，结果并未发现明显的差别。这说明爱因斯坦的成功,靠的还是勤奋努力。发明大王爱迪生说:“天才就是百分之一的灵感,加上百分之九十九的汗水。”爱迪生一生发明了1300多件专利,其辛劳勤奋自不待说。达·芬奇说:“勤奋一日,可得一夜安眠;勤奋一生,可得幸福的长眠。”勤奋与时间结伴而行,历史上一切创造者无不勤奋努力,珍惜时光,争分夺秒;勤于学习,勤于思考,勤于实践。勤奋赋予了时间可贵的价值。

坚毅指一个人为达到预期目的,不怕任何困难、挫折和失败,勇于克服各种障碍,不达既定目标誓不罢休的坚定信念、充沛精力和百折不挠的意志。巴斯德说:“告诉你使我达到目标的奥妙吧,我唯一的力量就是我的坚持精神。”贝弗里奇评价凡有所成就的科学家,都具有一种百折不挠的精神。但凡有价值的成就,都需要有承受反复挫折的毅力和勇气。

居里夫人在一间阴暗潮湿的小木棚中,从几吨废矿渣中熔化提取分离出几克氧化镭放射性物质,致体重减轻了10千克,才取得“两次获诺贝尔奖”的伟大成就。我国科学家高士其在美国芝加哥大学读医学博士学位时,实验中装脑炎病毒的瓶子破裂,不幸染上脑炎。他战胜病魔,坚持学完课程回国。在说话、行动极其困难的条件下,以惊人的毅力从事科技创造,产出丰硕的成果。

第二节　新工科人才创新创业能力团队精神的培养

人类正跨入信息化时代,科技进步日新月异。社会生活的信息化和经济生活的全球化使国际合作交往日益频繁。适应全球化的格局,团队合作能力是现代高素质人才必须具备的。团队精神能推动团队运作和发展,在团队精神的作用下,团队成员产生了互相关心,互相帮助的交互行为,显示出关心团队的主人翁责任感,并努力自觉地维护团队的集体荣誉,自觉地以团队的整体声誉为重来约束自己的行为,从而使团队精神成为公司自由而全面发展的动力。

仅有团队精神是否就能成功呢?大家都畏缩不前,抱成一团隔岸观望,永远也不会取得成功。心理学上有个术语叫“从众心理”,是说别人做什么自己不加思考也跟着去做,不去考虑是否符合自己。还有一个有趣的心理实验,一名被试和七名“伪被试”(主试安排的人员用来干扰被试)一起对A、B两个线条做长短判断,实际情况是A线条长于B线条,但是七名“伪被试”均选择错误答案,最后被试也服从了大家的错误选择。盲目地顺从团队,没有敢为人先的冒险精神,是不会取得成功的。

一、增强开放与合作意识

在知识爆炸的时代，即使知识再丰富也相对有限。要进行创新，光靠一己之力是很难完成任务的，必须学会以开放诚恳的态度与他人相互协作。合作意识在现代创业中正变得越来越重要，成功的取得依靠的是与人合作。

善用团队才智。创业者不一定要有高智商，但要能够善于把握时机去做出明确的决定。你一个人的“才智”不够，那就必须要有一个“才智”团队！一般来说，初创业者都不是走独木桥，而是一个团队，这个团队也就是我们常说的“经营班子”。组建创业团队是在注册公司之前要完成的，创业者在组建团队时，不但要考虑能力，还要考虑志向、志趣与品德。成功的企业需要三个方面的人才：优秀的管理者、优秀的科技人员、优秀的营销人员。

人生活在群体之中，每个人都要借助他人的智慧完成自己人生的超越。特别是当今信息化社会高科技时代，依靠个人的力量很难完成高精尖的科技项目。因此，合作能力对创造力起着巨大的推动作用。故需创设快乐合作式学习环境，为学生合作意识的养成与交往能力的发展搭建舞台，不断树立学生的合作意识。北大方正王选教授认为：“中国不缺少有才华的年轻人，而是缺少团结合作的精神。”为准确获悉自己的情商，有的放矢地调整人格修养方向与力度，加强自我修炼，养成良好情商与合作精神。

让不同性别、性格、爱好的学生，通过实训基地训练（实验、制作、发明、创新等）和校园文化活动（如公益劳动、传统活动、团队活动、纪念活动、学科活动、科技活动、社会实践、文体活动等）的多层次、多侧面、多方法、多形式表达，在参与活动过程中相互表现、相互欣赏、相互沟通，为完成同一活动目标而相互协调、相互帮助，以达合作能力的高品位、高层次发展。学生只有在充满合作机会与群体交往中，在思想感情、价值观念和行为模式上相互影响与合作，潜移默化地改变自己的人格修养，调整自我认识，重新发现自我，明白必须按照社会要求、群体规范和他人意志来调整自己的心态和行为，才能顺应社会潮流，维持社会组织与个体生存发展的正常运行。也只有通过完成学习、训练、工作中的某项任务或达成某个目标，而相互合作，共渡难关，才能体验到人与人之间互相信任、互相支持、互相帮助的重要性及其个人价值。学生不仅要对个人学习、创新、前途、事业负责，还要树立对本组、本班、本校、国家和人民的利益负责的集体主义精神；既积极参与拼搏、竞争、合作，又增强团结、相互支持，获得合作的快乐与收益，看到个人力量的微不足道，也就逐渐将“心中有自己”变为“心中有他人”；逐渐将为自己争光转变到为集体和祖国争光。

二、建立高效的团队合作

团队早期出现的一个明显的例子是体育比赛中的球队。队员在追求赢得比赛目标的基础上,各自有不同的技术专长。因此彼此要了解其他个体的需求和专长,共同遵守为实现目标所设定的程序和策略,以避免不必要的错误,发挥各自的个体优势,形成协调良好的团队,实现团队的共同目标。一支优秀的团队都有自己的团队精神,团队精神所反映的就是一个人与别人合作的精神和能力。

高效团队的特征有以下几点。

1.清晰的目标

高效的团队对要达到的目标有清楚的理解,并坚信这一目标包含重大的意义和价值。而且,这种目标的重要性还激励着团队成员把个人目标升华到群体目标。在有效的团队中,成员愿意为团队目标做出承诺,清楚地知道希望他们做什么工作,以及他们怎样共同工作并实现目标。

2.相互的信任

成员间相互信任是有效团队的显著特征。也就是说,每个成员对其他人的品行和能力都确信不疑。我们在日常的人际关系中都能够体会到,信任这种东西是相当脆弱的,它需要花大量的时间去培养而又很容易被破坏。而且,只有信任他人才能换来他人的信任,不信任只能导致不信任。所以,维持群体内的相互信任,还需要引起管理层足够的重视。

3.相关的技能

高效的团队是由一群有能力的成员组成的。他们具备实现目标所必需的技术和能力,而且相互之间有良好合作的个人品质;从而能出色完成任务。后者尤为重要,但常常被人们忽视,有精湛技术能力的人并不一定就有处理群体内关系的高超技巧,而高效团队的成员则往往兼而有之。

4.一致的承诺

高效的团队成员对团队表现出高度的忠诚和承诺,为了能使群体获得成功,他们愿意去做任何事情,我们把这种忠诚和奉献称为一致承诺。对成功团队的研究发现,团队成员对他们的群体具有认同感,他们把自己属于该群体的身份看作是自我的一个重要方面。因此,承诺一致的特征表现为对群体目标的奉献精神,愿意为实现这一目标而调动和发挥自己的最大潜能。

5.良好的沟通

毋庸置疑,这是高效团队的一个必不可少的特点。群体成员通过畅通的渠道交流信息,包括各种言语和非言语交流。此外,管理层与团队成员之间健康的信息反馈也是良好沟通的重要特征,它有助于管理者指导团队成员的行动,消除误解。就像一对已经共同生活多年、感情深厚的夫妇那样,高效团队中的成员能迅速而准确地了解彼此的想法和情感。

6.谈判技能

以个体为基础进行工作设计时,学生的角色有工作说明、工作纪律、工作程序及其他一些正式或非正式文件明确规定。但对高效的团队来说,其成员角色具有灵活多变性,总在不断进行调整。这就需要成员具备充分的谈判技能。由于团队中的问题和关系时常变换,成员必须能面对和应付这种情况。

7.内部和外部的支持

要成为高效团队的最后一个必需条件就是它的支持环境。从内部条件来看,团队应拥有一个合理的基础结构。这包括适当的培训、一套易于理解并用以评估学生总体绩效的测量系统以及一个起支持作用的人力资源系统。恰当的基础结构应能够支持并强化成员行为以取得高绩效水平。从外部条件来看,管理层应给团队提供完成工作所必需的各种资源。

8.恰当的领导

有效的领导者能够让团队跟随自己共同渡过最艰难的时期,因为他能为团队指明前途所在,他们向成员阐明变革的可能性,鼓舞团队成员的自信心,帮助他们更充分地了解自己的潜力。优秀的领导者不一定非得指示或控制,高效团队的领导者往往担任的是教练和后盾的角色,他们对团队提供指导和支持,但并不试图去控制它。这不仅适用于自我管理团队,当授权给小组成员时,也适用于任务小组、交叉职能型的团队。对于那些习惯于传统方式的管理者来说,这种从上司到后盾的角色变换,即从发号施令到为团队服务实在是一种困难的转变。当前很多管理者已开始发现这种新型的权力共享方式的好处,或通过领导培训逐渐意识到它的益处。但现实中仍然有些脑筋死板、习惯于专制方式的管理者无法接受这种新观念,这些人应当尽快转换自己的老观念,否则很容易被取代。

创新是人类的本质特征之一,它不仅是人的理性思维活动的产物,而且同人的欲望、需要、热情、意志、冒险等非理性因素密切相关。创新就是要打破常规,具有独创性。对创新而言,无论是自然科学、社会科学的创新,还是技术、制度、实践的创新,都需要承担风险。创新者,不论从事何种工作,都需要有不怕失败勇于承担风险的大无畏精神。创新者要勇于承担失败的风险。人的认识是一个复杂的、曲折的过程。任何一个新的认识都需要有由实践到认识、再由认识到实践的多次反复才能完成。

三、培育大学生冒险精神

冒险精神是指不墨守成规,敢于开创和反叛的精神。它是创造的孪生兄弟,是创造者必不可少的一个素质。古今中外,凡是有所创造的人,都有敢于冒险的精神。老诺贝尔曾对儿子说:“要是怕危险,大家都不去干,那就永远不会有人类的进步。”这句话印在了诺贝尔的心里,从而使得诺贝尔敢冒危险,上百次地做炸药实验,终于研制成功了雷汞炸药。富兰克林不畏宗教势力的淫威,不怕触电身亡,揭开了雷电之谜。

冒险精神包括:勇敢,不怕风险,敢于标新立异,逾越常规;敢于言别人所未言,为别人所未为;自信,独立性强,坚信其创造活动的价值,轻易不改变信念;善于独立思考,独立发现问题、分析和解决问题,不随波逐流;刻苦勤奋,进取心强,埋头事业,殚精竭虑;对创造活动充满激情,富有幽默感;联想灵活,思维大胆;做事持之以恒,锲而不舍;严谨认真,一丝不苟;不满足现成答案,决不牵强附会;不放过任何疑点和含糊不清的地方。

因研究氟而获1906年诺贝尔化学奖的穆瓦桑明知氟的毒性很大,仍不顾危险,反复实验,终于制得了单质氟,但其本人因受氟的毒害而英年早逝。第三届诺贝尔化学奖获得者瑞典化学家阿仑尼乌斯创建了电离理论,当他将自己的研究成果公布于众时,却受到了冷嘲热讽,说他的理论是“奇谈怪论”,但他仍坚定自信、持之以恒,用更多的事实证明了电离理论的正确性,从而阐明了化学反应的本质。

第三节 新工科人才创新能力社会实践的训练

人才的本质在于创造性,要创造不仅要善于思考,见地新异,而且要身体力行,亲自动手。在人类历史上,但凡做出较大贡献的人,没有一个不是在实践中孕育出来思想火花的。社会实践活动之所以能促进学生发展,主要是参加者往往有兴趣。而参加科学研究不仅能激发学生的兴趣、创造的欲望,更重要的是在科研过程中,能使学生的创造性思维得到提高,使学生在实践中受教育,长才干。

这都能很好地培养学生思维的求异性,进而使学生的创新创业能力能够得到不断提高。

一、现状及存在的问题

因为暑期假期时间较长,因此集中讨论大学生暑期社会实践。大学生暑期社会实践模式有很多种:专业实践模式、校企合作模式、勤工助学模式、创业实践模式。暑期社会实践当中,各高校团委坚持以“受教育、长才干、做贡献”为原则,组织带领青年学生利用暑期实践参加活动,特别鼓励学生选择与专业相关的地点实践,以增长课外的知识和实践能力,教学实践合一。

虽然如今各个高校在大学生暑期社会实践中取得了很多成绩,但也存在诸多问题。

1.社会对学生社会实践的认可度不高

人们普遍认为大学生是拿着学校的钱在假期完成任务,顺便旅游。社会实践当中学生一般会完成一些问卷调查,访谈了解地方教育、医疗等情况,有的还有教育帮扶、科技帮扶等,但限于人们的普遍认识,这些措施并不能很好地开展。

2.学校缺乏相关的社会实践的培训

现有的社会实践就是教师带着学生到一个方完成一些简单的任务。学生在进行社会实践之前并没有得到相关的培训,有的甚至不知道暑期社会实践的目的。

3.学生对社会实践认识不到位

很多学生认为暑期社会实践就是出去玩,也不用自己花钱,并没有意识到在实践中自己需要完成的任务和要获得什么。

总之,社会实践存在诸多方面的问题,有一些并没有达到提高学生社会实践能力的目的。

二、创新社会实践模式

针对社会实践存在的问题,我们提出“三步走”的社会实践模式。

“三步走”即前期准备、中期实施和后期汇报。在“三步走”的实践模式下,各院系可结合自身的专业特点,结合学生的实际,合理运用经费,采用点面结合,集中与分散的方式,鼓励学生以个人或团队的形式进行暑期实践,实践内容涉及志愿服务、社会调查、支持扶贫、科普宣传等。让学生利用假期深入社会基层,了解国情,服务社会提高实践能力和综合能力。

（一）前期准备

社会实践是大学生深入社会，了解社会，提高社会实践能力，提高综合素质的有效手段。为了达到这一目标，前期一定要做好充分的准备，制订出详细周密的计划，以保证实践顺利进行。

第一，针对实践内容对参加实践的学生进行培训与指导。

第二，与实践单位提前联系，及时了解实践单位的情况，制定可实施的实践方案。

第三，实践申报，确定实践课题，选定实践内容，认真填写《大学生社会实践申报表》。

第四，做好安全预案，有完善的安全保障体系。

第五，组建团队，如果是个人单独实践则比较简单，个人注重形象即可；如果是团队实践则要注意团队形象。

第六，需要做好经费预算。

（二）中期实施

社会实践活动的实施直接关系到社会目标的实现。因此在实施过程中，我们需要选取相应的指标来对实施过程进行评价。

第一，实施活动是否根据实践所申报的主题、所列的计划来实施。

第二，实施过程中各团队成员是否密切合作，相互配合，共同完成了实践任务。

第三，实践过程中学生是否完成了实践记录。

第四，实践过程中指导教师是否全程及时指导。

第五，实践活动是否与学生所学专业密切相关。

第六，实践活动的实施保障是否完善。

（三）后期汇报

实践活动结束之后，需要学生对实践成果进行汇报，以评价实践活动的有效性。首先，实践总结。实践结束，学生将实践内容、实践感悟形成书面文字，对自身在实践活动中的表现进行自我评价，使学生从实践过程中认识自我，巩固专业知识，完善自我。其次，整理实践材料。有的实践活动涉及问卷调查、数据分析等，学生能否将实践过程中的材料分门别类、系统地整理汇报也是对学生实践能力进行评价的指标之一。最后，实践单位的评价。学生在实践单位进行实践，实践期间效果如何，实践单位应有详细的说明。

第四节　新工科人才创新能力第二课堂的拓展

高校在对学生进行创新创业教育时，不仅要利用第一课堂对学生进行理论知识的讲解，构建大学生的知识结构以及能力结构，也要充分地利用第二课堂来提升学生的创新能力，促进学生的全面发展，为学生日后的创新创业能力打下一个扎实的基础。第二课堂是指在学校教学计划之外，引导和组织学生开展的各种有教育意义的实践或素质教育活动，第一课堂对人才的培养提出普遍性的要求，解决共性的问题，第二课堂则发展人才的特长，解决特殊的、个性的问题，两者相互补充，相互配合、相得益彰。第二课堂是对第一课堂的延伸以及补充，这也是对高校学生培养的一个重要方式。第二课堂作为第一课堂的延伸和补充，在高校创新创业型人才培养过程中具有重要作用。第二课堂的开展必须要由第一课堂为载体，要能够充分的结合第一课堂的理论知识，以此来提升学生的双创意识。第二课堂涵盖面很广，其中蕴含的活动方式十分的多样化，能够充分的提升学生的兴趣，同时也会提升学生的双创意识，使学生解决在学习中遇到的问题。

充分发挥第二课堂内容广泛、形式多样、方式灵活等特点，辅之以细致、量化、可操作的科学考评体系，满足学生们的学习兴趣与爱好，调动学生参与的积极性和主动性，构建以培养大学生良好的政治素质与思想修养、创新思维与创新创业能力、人文艺术素养与全球化视野、较强的团队意识与实践能力为目标的育人模式。首先，要推行学分制度。将讲座、创新创业竞赛等创新创业活动划分合理的学分，同时明确学分认定的具体方法。其次，要进一步量化考核标准。依照不同的学生以及学时要求，制定具有较高可行性以及便于操作的考核标准。最后，应当生成“成绩单”。第二课堂的成绩单能够对学生创新创业活动的具体情况加以记录，这样能够更加全面与系统的展示学生创新创业精神以及能力等，不仅可以作为学生创新创业能力的一种有效证明，还能够作为企业人才招聘过程中人才录用的依据。在第二课堂中，一定要创设一个科学合理的环境，能够充分的激发学生的创新兴趣以及创新意识，这样学生能够在不断的实践中挖掘自身的潜能，更好的发展，因此高校必须要充分的发挥第二课堂的作用，创设创新情景激发学生的创新意识。

“第二课堂成绩单制度”的提出从根本上完善了创新创业教育理念，有助于将长效机制引入到教育教学的普遍过程中，避免功利性的创新创业教育，真正以培养学生创新创业精神和职业素养为终极目标，引导创新创业教育理念从形式教育转向实效教育。

一、实施“第二课堂成绩单”制度突显创新创业教育实效

借鉴“第一课堂”工作模式和内在机理，将创新创业教育课程化、系统化、制度化、规范化、可测量化，服务高校中心工作、响应社会实际需求。要通过推行“第二课堂成绩单”，倡导新的工作理念、构建新的工作体系、梳理新的工作逻辑、建立新的工作机制、彰显新的工作成效，从而更好地贯彻党的教育方针、落实立德树人根本任务、有力解决脱离学生等突出问题，积极适应高等教育综合改革、全面推进素质教育、努力顺应社会实际需求，提升大学生就业创业竞争力。

二、实施“第二课堂成绩单”制度推进创新创业人才培养

“第二课堂成绩单”制度的实施，将内容广泛、灵活多样的学习实践活动与规范细致可量化成绩考核有机结合起来，使得第一课堂和第二课堂实现了有效融通与衔接，更好地发挥了第二课堂培养学生综合素质能力的育人功能。高校可以通过出台并不断完善相关政策，设置第二课堂成绩单中参与创新创业活动的最低学时、学分等措施，保证学生参与第二课堂的积极性与主动性，从而达到第二课堂与第一课堂的相互促进，共同实现高校创新创业人才培养的既定目标。

三、实施“第二课堂成绩单”制度提高学生创新创业能力

实行“第二课堂成绩单”制度对体现并提升学生的创新创业综合能力有着重要的意义。实施“第二课堂成绩单”制度，不仅可以真实、客观地记录学生参与各项创新创业实践活动的情况，而且可以科学、准确地对学生在创新创业学习实践中的综合表现进行评价，因而可以全面、高效地促进学生创新创业能力的提高，为学生们将来更好地融入社会打下坚实基础。通过科学有效记录学生参与第二课堂的实际情况，最终可以生成一份包含活动参与记录与成绩的第二课堂成绩单，为学生就业求职提供重要的参考依据。

四、实施“第二课堂成绩单”制度满足创新创业人才需求

高校创新创业教育工作决定了高校必须要执行第二课堂成绩单制度。首

先,高校实施第二课堂成绩单制度符合市场经济发展的要求。第二课堂成绩单制度主要的目的便是确保学生综合素养可以得到进一步提升,服务于高校教书育人的中心工作。其次,由于创新创业需求已经逐渐转变为了高校学生的普遍需求,而高校利用第二成绩单制度能够为学生提供证明自我以及展示自我的凭证,能够更加客观与真实地反映出学生创新创业能力。

实施第二课堂成绩单制度后,经调查发现,不同专业的学生均表示对创新创业兴趣浓厚,想要自主创新创业的意愿明显增强,同时各高校的创新创业项目数量成指数型激增。

第五章　新工科人才创新能力培养模式探索与实践

第一节　基于大学生创新性实验计划的创新创业教育模式

国家大学生创新性实验计划的启动和实施,建立以大学生为主体,以问题探究和科研项目为核心的教学模式,促进实验创新性改革与发展,培养学生的主观能动性、自主创新创业意识、激发创新创业思维和能力的培养,形成丰富多彩的校园文化氛围,全面提升大学生创新创业能力。高校承担着培养创新型人才的使命,创新型人才的培养要加强大学生创新创业能力的培养。大学生创新性实验计划作为国家层面面向高等学校的本科生设立的科研计划,为本科生提供自主参与科研的机会,让本科大学生以大学生创新性实验计划为平台,提高理论与实践相结合的能力,通过探索研究、分析、发现和解决问题,使本科生受到系统的科研训练,培养其创新创业能力。创新创业教育融入人才培养的大学生创新性实验计划包括了两个基点:一是通过大学生创新性实验计划更好地推进创新创业教育自身的改革,提高教育教学质量;二是通过大学生创新性实验计划促进创新创业教育的人才培养,进而推进创业型经济发展和创新型国家建设。认清创新创业教育融入大学生创新性实验计划理论支持的视角,对于促进我国高等学校的人才培养模式改革,促进我国经济发展方式的转变和创新型国家的建设,都具有深刻的现实意义和长远的战略意义。

一、大学生创新性实验的内涵

大学生创新性实验计划是国家教育部第一次在国家层面上实施的直接面向大学生立项,注重自主性、探索性、过程性、协作性和学科性的创新训练项目。从培养本科生创新能力入手,是大学生创新性实验计划实施的指导思想和工作思路。高校创新创业教育旨在培养大学生的创新能力和就业能力,是提高人才综合素质的一种教育模式。联合国教科文组织认为,从广义上来说,创业教育是指培养具有开创性的个人。大学生创新性实验计划是高等教育“质量工程”的重要内容之一，旨在鼓励学生亲身参与科研创新活动，提高学生的实践动手能力和创新能力。

大学生创新性实验作为大学生创新和创业的重要载体，作为部属院校，可以依托国家级创新性实验项目，由于该类项目层次高、数量少，所以这类项目在实施的过程中给其他院校予引领、推动和示范的作用。而作为普通院校，可以依托国家、省部、校院等相应的科研项目及学校层面的各类创新创业基金项目资助创新性实验，这类项目数量多、层次多样化、形式灵活、参与的学生多，可借鉴国家级创新性实验项目的经验，作为大学生创新性实验的主体予以开展。在借鉴和分析的基础上，将大学生创新性实验界定为：以提高学生创新创业能力为导向、以各类项目为核心、以学生为主体和教师参与指导相结合的方式，以解决实际困难和社会问题为切入点的科研实践活动，培养学生的创新思维、创新意识和创新能力，有利于发挥学生的能动性，提高学生的实践能力。

二、大学生创新性实验的功能

创新性实验为大学生创新创业能力的培养提供了重要平台。基于创新性实验的各种创新创业素质教育为大学生创新创业思维、能力的培养提供了重要的平台，创新性实验项目的调查研究、资料查阅、开放实验平台、科技创新成果展览等方面的创新创业素质教育载体，充实了大学生的校园文化活动，弘扬了时代的主旋律，彰显了倡导创新、推崇创业、鼓励竞争、宽容失败的理念。

通过多种渠道、多种方式，将大学生“创业精神”和“创业能力提升”的培养融入大学生的学习和生活中。学校以理论与实践相结合，课内课外相结合以及校内校外相结合等方式，培养具有独立、自信、不断创新、责任感强的人才；初步形成了“以创业促就业”的创新就业实践模式，多途径积极探索大学生创业就业机制，引导和鼓励一批大学生走上了自主创业之路，进一步促进了大学生创新能力、创业能力的培养，大幅提升了毕业生的就业和创业竞争力。

学校可将“大学生创新创业能力培养”作为学校教学改革的重要措施列入学校的发展规划中。利用学校的各类实验、科研平台，通过平台共享组建了职业技能培训中心、创新创业能力培养中心，组成了一个集综合性、设计性、开放性、创新性为导向的职业技能实践与创新教育的实践基地，全力打造成为我校创新创业思维、能力培养的一个重要平台。

创新性实验使大学生具备了一定的创新创业能力。创新性实验启蒙学生的创新意识和创业精神，使学生了解创新型人才的素质要求，了解创业的概念、要素与特征等,使学生掌握开展创业活动所需要的基本知识,培养了学生创新创业意识;通过创新性实验使大学生的批判性思维、洞察力、决策力、组织协调能力与领导力等各项创新创业素质有了提升,使大学生具一定的创新创业能力。

以学生为主体的创新性实验充分调动了学生的积极性、创造性,激发了学生创新创业的自主性意识;创新性实验鼓励大学生探索、求新、求变、创新的思维,使学生对科学研究产生了兴趣和求职的欲望,驱动了大学生创新创业不断前进的浪潮;大学生创新性实验丰富了学生的学识,学科交叉融合、前沿的学术知识,开阔了大学生视野,改变了知识结构、能力结构,丰富了创新创业能力。

三、构建大学生创新创业教育的新模式

(一)大学生创新教育模式

1.创新素质教育模式

创新素质教育模式:主要面向大学一年级学生,目的是“认知”,即主要任务是做好启蒙教育,让学生了解科技创新,产生对科技创新活动的兴趣,培养创新意识和创新素质。重点培养学生追求创新、积极探索的精神和发现问题、搜集资料、查阅文献、团队合作等方面的能力。每年春季学期可以给一年级学生做科技创新启蒙讲座,聘请获奖学生和指导教师,从学生和教师两个方面讲述参与科技创新过程,分享参与创新的心得,做好学生引导。同时开设创新选修课,实现学习与研究一体化。创新选修课可由教师自主申请开设,教学内容从其科研课题中提炼而出或者以各类创新项目兴趣班的形式,课程学时在 17 或 34 学时,其中,讲课学时占总学时的 1/3,实验及指导学时占 2/3。教学方式可以采用理论授课、分析讨论、参与科研项目研究等形式进行。考核方式灵活多样,包括研究报告、研究简报、方案设计、建模与仿真、专利、实务作品等,选修创新选修课的学生可广泛参与,完成研究任务,教师评定合格,即可获得 1 ~ 2 个创新学分。同时可以采取开展不需要太多专业知识的普及性科技活动,提高学生参与科研活动的积极性,如科普讲座、科技展览等。

2.创新能力培养模式

面向大二、大三学生,目的是“普及”和“参与”,即让二年级专业知识欠缺的学生能够普遍参与科研创新活动中,培养创新思维和兴趣;让三年级学生通过专业课程参与创新活动,培养动手能力、创新能力和团队意识。优秀学生可进入实验室或研究中心参与有一定难度的科研项目,并负责部分课题任务;特别优秀的

学生将申报国家、学校或学院实施的本科生创新计划项目，在教师的指导下完成选题、开题、研究、结题等方面的工作。这一阶段一方面培养学生的创新欲望和成功感，另一方面培养学生专业知识的运用能力。同时参加各级各类科技竞赛活动，经过实践，提高创新思维能力。该环节面向本科二、三年级学生，强调学生的个性发展，培养较强的动手能力和创新能力。同时也可以通过考核、选拔赛等挑选部分同学集中培训后参加省级比赛、全国大赛，申报各类资助项目，部分学生进入实验室参与教师的科研项目。

3.创新能力提高模式

面向高年级本科生，目的是“提高”，主要进行一些综合创新实践训练。大四学年阶段，全体学生将进入到各个研究中心和实验室，直接参与到实际科研项目中，培养学生的专业知识综合运用能力和独立思考、解决问题的能力。综合创新实践训练层次旨在培养学生综合运用多学科交叉基础理论和综合能力，创造具有创新性、实用性的作品。并鼓励学生多学科、专业组成创新团队，相互合作，取长补短，开发创作具有创新型作品。依托各类大学生竞赛、科研立项以及创新项目等，由学生实施自行立项申请制度。入选后以 3 ~ 5 人为一组，在教师和技术人员的指导下，独立完成项目选题、调研及资料查询、创新设计等具体内容，同时包括整理研究总结报告、申请专利、发表论文及参加各类竞赛等。

(二)大学生创业教育模式

1.普及创业认知教育模式

旨在让学生对创业有个基本的“了解”，从学生进入校园的入学教育开始，就应积极开展职业与创业认知教育。一方面通过媒体或科研讲座宣传自主创业的成功案例，以及参观创业型企业激发培养大学生的创业思维和精神；另一方面组织学生积极了解学习企业对大学生能力的社会需求，应具备的素质能力和相应的知识结构，树立明确的目标和方向，通过多种形式、多种渠道的创业活动营造大学生创业氛围、激发大学生的创业潜能。

2.加大力度开设创业课程

主要包括创业基础、创业管理、风险投资、法律与税收等课程，这些课程有助于创业意识和创业心理品质的培养。此类课程一部分由平台提供基本的讲座和辅导，一部分可以通过跨专业选课来实现。良好的创业意识是大学生能动地掌握创业知识并具有创业能力的前提和基础。大学生的独立性、坚韧性、克制性和适应性等创业品质，为他们日后自主创业打下坚定的心理基础。

第二节　基于大学生创新性实验计划的创新创业教育策略

国家大学生创新性实验计划是高等学校本科教学质量与教学改革工程(质量工程)的重要组成部分之一,大学生创新性实验计划的启动和实施,以大学生创新性实验计划项目为载体,本科学生为创新主体,指导教师为导向,相关配套政策制度支持与鼓励的实施路径。建立以问题和研究项目为核心的教学模式,促进实验教学的创新性改革,充分调动学生的主观能动性和积极性,激发大学生创新思维和创新能力的潜能,形成校园创新文化气氛,提升大学生创新实践能力,提高人才培养质量。

大学生创新性实验计划的实施为高校本科质量工程建设提供了有效载体,虽然各高校有相应的计划及实施方案,也取得了一定效果,促进了人才培养质量的提高,但由于学校层次差别,教学型高校的学生的创新能力和科研能力与教学研究性及研究型高校还存在着一定的差距。目前,一些教学型高校增加了第三学期(夏季学期)学生的实践教学环节,为大学生创新实验计划的实施提供了有利条件。在大学生创新实验计划启动和实施过程中,如何保障人才质量培养的提高,如何发挥师生、政策、资金、资源和科研项目的联动效应是高等学校面临亟待解决的问题。

一、大学生创新性实验计划的实施路径

大学生创新性实验计划得到国家和相应具有该计划的高校的高度重视,从政策、制度到保障措施采取了一系列支持办法,高校广泛宣传动员师生了解国家层面对大学生创新性实验计划指导思想和实施意义,建立相应的大学生学生创新性实验计划管理平台,遴选计划项目以及培育项目。同时,大学生创新性实验计划项目实施的过程中也存在着实验项目选题论证不充分,教师指导不到位,项目实施过程存在运行环境或设备不能满足要求以及项目评价体系不够完善等缺陷。在借鉴和分析大学生创新性实验计划实施效果的基础上,探索符合适合实施路径,使得大学生创新性实验计划得以顺利地开展与实施。从学生、教师、项目、竞争机制以及政策制度五个方面给出大学生创新性实验计划的有效实施路径。

具体实施路径:一是充分发挥学生的主体意识,改变被动教学模式,鼓励学生积极申报大学生创新性实验计划项目,项目结合自身专业优势,不限选题,自

主研究创新,建立学生项目团队,实现自我管理、自我创新的过程,培养大学生的创新能力。二是发挥指导教师的关键技术指导作用,把握主体研究方向和传授研究方法,通过指导教师的指导将繁杂的理论变得通俗易懂,并协调和组织相应的知识储备培训,使学生具备一定的创新知识的技术储备,能够正确操作仪器设备、使用技术软件的能力等。三是充分发挥大学生创新性实验计划项目的载体作用,针对不同的学生制定不同层次的计划项目,增加综合性、设计性项目比重,培养学生综合创新能力的不断提高。四是将竞争机制引入大学生创新性实验计划的实施过程,增设奖励计划、学分认定及教师工作量的计算,激励师生的热情,从而引导项目得以顺利实施。五是配套相关的大学生创新性实验计划实施的制度,从制度上保障经费、设施和环境的正常运行,为大学生创新性实验计划的实施提供良好的软硬件环境和相应的激励措施,确保项目的顺利运行,保障人才培养质量的提高。

二、大学生创新性实验计划的实施策略

1.有章可循,制定实施方案

大学生创新性实验计划的实施方案制定,是依据国家、教育部、省相关文件精神为依据,确保方案制定的科学性、合理性、实用性及可操作性。方案的制定为计划的实施提供了保障措施。建立健全不同层级的管理机构,按照职能,各司其职。学校层面大学生创新性实验计划的宏观管理,包括制定各项政策、协调学校资源、组织项目评审、检查实施过程,以及管理经费、验收成果、实施奖励等工作。学院层面负责本学院大学生创新性实验计划项目的具体实施与管理,包括组织项目申报、管理项目实施、提供实验条件、验收项目结果、管理经费等工作。

2.科学论证,严把计划项目

鼓励大学生从科学研究的难点和热点、学科交叉等问题为研究的出发点,鼓励学术自由。且计划项目应在教师指导下,进行科学选题,突出创新性。遴选由不同层级的专家组从项目的研究背景,项目研究目的意义,研究内容、研究方法、技术路线,充分考察原理的可靠性和项目的可行性;项目创新性明显,有充分的研究基础,经费预算合理,实施计划合理,队伍合理,并有时间保障,经团队努力可按时完成计划项目任务。项目遴选的层次一般由国家级、校级项目组成,并考虑适当地安排一些培育项目。

3.师生耦合,发挥联动效应

大学生是项目计划的主体,大学生要有高度的责任感和使命感,具备一定的

创新精神，与指导教师通力协作，发挥联动效应。指导教师一般都有良好的科研素养和较高的科研能力，充分发挥指导教师的智力支持作用，按照不同层级的指导项目给予教师相应的工作量计算，激励教师的责任意识，为学生项目的关键技术问题予以指导，确保大学生创新性实验计划的顺利开展。如吉林大学为结题的大学生创新性实验项目给予指导教师一次性计算教学工作量。校级二类资助项目计30个标准学时，校级一类资助项目计50个标准学时，国家级项目计100个标准学时。

4.营造氛围，树立创新理念

创新是发展的不竭动力，在高等学校要努力培育和营造创新的精神文化氛围，鼓励师生树立创新观念，养成创新思维，增强创新能力。学校要积极推动内部运行机制的改革与创新。通过制度创新及学科专业建设创新、师资建设创新、教学实践创新，提高竞争优势和人才培养质量。建立完善的竞争激励机制、评价约束机制、成果奖励机制。最大限度地调动全体师生的积极性；通过鼓励探索、宽容失败的学术氛围营造，激发师生的改革意识，增进教学科研活力，不断推陈出新，提高学校的学术声望。

5.完善评价，引入竞争机制

建立完善的选题评价体系，从选题是否具有科学性、创新性和研究基础为主线，建立相应的过程评价机制，把研究过程作为考核的重点。引入竞争机制，实行优胜劣汰，严禁学术不端。改变重结果、轻过程、重数量、轻质量的评价体系。构建过程、质量评价体系实现评价主体多元化。将项目成果按照不同的层级进行验收鉴定，优秀的项目成果要予以一定物资和精神奖励，并探索学分补偿机制，对于淘汰项目也要深入分析其原因，对于非人为原因造成的失败也予以宽容。真正地实现自我学习、自我研究、自我提高的过程。

综上，创新是人类社会发展进步的重要动力。党的十八大明确指出，我国要培养“数以亿计的高素质劳动者，数以千万计的专门人才，一大批拔尖的创新人才”，以适应现代化建设对人才的需求。高校在建设创新型国家及落实科学发展观战略中，肩负着不断培养高素质创新人才、生产和传播新知识新技术，以及发展社会生产力的重要使命。因此，高校必须更新教育观念，提高创新意识，优化教学方法，注重个性培养，深化教学改革，培养实践能力。国家十分重视大学生的创新教育，以“国家大学生创新性实验计划”为载体，积极探索人才培养模式和大学生创新能力培养途径，促进大学生知识、能力、素质的全面协调发展，提高教育教学质量。

第三节　新工科人才创新创业教育运行模式

一、卓越工程师教育培养计划模式

2010 年，依据《国家中长期教育改革和发展规划纲要(2010—2020 年)》文件精神，启动实施“卓越工程师教育培养计划”，旨在强化工程教育质量，培养创新能力，适应经济社会发展，为中国制造 2025 及新型工业化的发展战略储备人才。近年来，欧美等国家相继实施高科技发展战略，德国推出工业 4.0 战略，英国推出英国工业 2050，美国推出先进制造业战略计划。2015 年“两会”上，国务院总理李克强谈到“中国制造 2025”，围绕一条主线信息化与工业化深度融合，两个制造：智能制造和绿色制造，十大领域。“中国制造 2025”，代表了中国在机械行业由制造大国向制造强国转型过程中的顶层和路径选择。为适应新一轮科技革命和产业变革的新趋势，紧紧围绕国家战略和区域发展需要，加快建设发展新工科，探索形成中国特色、世界水平的工程教育体系，促进我国从工程教育大国走向工程教育强国。2018 年，教育部、工业和信息化部、中国工程院联合推出卓越工程师教育培养计划 2.0 计划。

(一)卓越工程师教育培养计划 2.0 总体思路

面向工业界、面向世界、面向未来，主动应对新一轮科技革命和产业变革挑战，服务制造强国等国家战略，紧密对接经济带、城市群、产业链布局，以加入国际工程教育《华盛顿协议》组织为契机，以新工科建设为重要抓手，持续深化工程教育改革，加快培养适应和引领新一轮科技革命和产业变革的卓越工程科技人才，打造世界工程创新中心和人才高地，提升国家硬实力和国际竞争力。

(二)卓越工程师教育培养计划 2.0 工作目标

经过 5 年的努力，建设一批新型高水平理工科大学、多主体共建的产业学院和未来技术学院、产业急需的新兴工科专业、体现产业和技术最新发展的新课程等，培养一批工程实践能力强的高水平专业教师，20% 以上的工科专业点通过国际实质等效的专业认证，形成中国特色、世界一流工程教育体系，进入高等工程教育的世界第一方阵前列。

(三)卓越工程师教育培养计划2.0具体举措

1.深入开展新工科研究与实践

加快新工科建设,统筹考虑"新的工科专业、工科的新要求",改造升级传统工科专业,发展新兴工科专业,主动布局未来战略必争领域人才培养。深入实施新工科研究与实践项目,更加注重产业需求导向,更加注重跨界交叉融合,更加注重支撑服务,探索建立工程教育的新理念、新标准、新模式、新方法、新技术、新文化。推进分类发展,工科优势高校要对工程科技创新和产业创新发挥关键作用,综合性高校要对催生新技术和孕育新产业发挥引领作用,地方高校要对区域经济发展和产业转型升级发挥支撑作用。

2.树立工程教育新理念

全面落实"学生中心、产出导向、持续改进"的先进理念,面向全体学生,关注学习成效,建设质量文化,持续提升工程人才培养水平。树立创新型、综合化、全周期工程教育理念,优化人才培养全过程、各环节,培养学生对产品和系统的创新设计、建造、运行和服务能力。着力提升学生解决复杂工程问题的能力,加大课程整合力度,推广实施案例教学、项目式教学等研究性教学方法,注重综合性项目训练。强化学生工程伦理意识与职业道德,融入教学环节,注重文化熏陶,培养以造福人类和可持续发展为理念的现代工程师。

3.创新工程教育教学组织模式

系统推进教学组织模式、学科专业结构、人才培养机制等方面的综合改革。打破传统的基于学科的学院设置,在科研实力强、学科综合优势明显的高校,面向未来发展趋势建立未来技术学院;在行业特色鲜明、与产业联系紧密的高校,面向产业急需建设与行业企业等共建共管的现代产业学院。推动学科交叉融合,促进理工结合、工工交叉、工文渗透,孕育产生交叉专业,推进跨院系、跨学科、跨专业培养工程人才。

4.完善多主体协同育人机制

推进产教融合、校企合作的机制创新,深化产学研合作办学、合作育人、合作就业、合作发展。积极推动国家层面"大学生实习条例"立法进程,完善党政机关、企事业单位、社会服务机构等接收高校学生实习实训的制度保障。探索实施工科大学生实习"百万计划",认定一批工程实践教育基地,布局建设一批集教育、培训及研究为一体的共享型人才培养实践平台,拓展实习实践资源。构建产学合作协同育人项目三级实施体系,搭建校企对接平台,以产业和技术发展的最新需求推动人才培养改革。

5.强化工科教师工程实践能力

建立高校工科教师工程实践能力标准体系,把行业背景和实践经历作为教师考核和评价的重要内容。实施高校教师与行业人才双向交流“十万计划”,搭建工科教师挂职锻炼、产学研合作等工程实践平台,实现专业教师工程岗位实践全覆盖。实施工学院院长教学领导力提升计划,全面提升工程意识、产业敏感度和教学组织能力。加快开发新兴专业课程体系和新形态数字课程资源,通过多种形式教师培训推广应用最新改革成果。

6.健全创新创业教育体系

推动创新创业教育与专业教育紧密结合,注重培养工科学生设计思维、工程思维、批判性思维和数字化思维,提升创新精神、创业意识和创新创业能力。深入实施大学生创新创业训练计划,努力使50%以上工科专业学生在校期间参与一项训练项目或赛事活动。高校要整合校内外实践资源,激发工科学生技术创新潜能,为学生创新创业提供创客空间、孵化基地等条件,建立健全帮扶体系,积极引入创业导师、创投资金等社会资源,搭建大学生创新创业项目与社会对接平台,营造创新创业良好氛围。

7.深化工程教育国际交流与合作

积极引进国外优质工程教育资源,组织学生参与国际交流、到海外企业实习,拓展学生的国际视野,提升学生全球就业能力。推动高校与“走出去”的企业联合,培养熟悉外国文化、法律和标准的国际化工程师,培养认同中国文化、熟悉中国标准的工科留学生。围绕“一带一路”建设需求,探索组建“一带一路”工科高校战略联盟,搭建工程教育国际合作网络,提升工程教育对国家战略的支撑能力。以国际工程教育《华盛顿协议》组织为平台,推动工程教育中国标准成为世界标准,推进注册工程师国际互认,扩大我国在世界高等工程教育中的话语权和决策权。支持工程教育认证机构走出国门,采用中国标准、中国专家、中国方法、中国技术评估认证海外高校和专业。

8.构建工程教育质量保障新体系

建立健全工科专业类教学质量国家标准、卓越工程师教育培养计划培养标准和新工科专业质量标准。完善工程教育专业认证制度,稳步扩大专业认证总体规模,逐步实现所有工科专业类认证全覆盖。建立认证结果发布与使用制度,在学科评估、本科教学质量报告等评估体系中纳入认证结果。支持行业部门发布人才需求报告,积极参与相关专业人才培养的质量标准制定、毕业生质量评价等工作,汇聚各方力量共同提升工程人才培育水平,加快建设工程教育强国。

二、基于 CDIO 的创新创业教育模式

在国际上,可借鉴的一种新模式是 CDIO 工程教育模式,它是近年来国际工程教育改革的最新成果。从 2000 年起,麻省理工学院和瑞典皇家工学院等四所大学组成的跨国研究获得 Knut and Alice Wallenberg 基金会近 2000 万美元巨额资助,经过四年的探索研究,创立了 CDIO 工程教育理念,并成立了以 CDIO 命名的国际合作组织。CDIO 的理念不仅继承和发展了欧美 20 多年来工程教育改革的理念,更重要的是系统地提出了具有可操作性的能力培养、全面实施以及检验测评的 12 条标准。瑞典国家高教署(Swedish National Agency for Higher Education) 2005 年采用这 12 条标准对本国 100 个工程学位计划进行评估,结果表明,新标准比原标准适应面更宽,更利于提高质量,尤为重要的是新标准为工程教育的系统化发展提供了基础。迄今为止,已有几十所世界著名大学加入了 CDIO 组织,其机械系和航空航天系全面采用 CDIO 工程教育理念和教学大纲,取得了良好效果,按 CDIO 模式培养的学生深受社会与企业欢迎。

CDIO 代表:构思(Conceive)、设计(Design)、实现(Implement)和运作(Operate),它以产品研发到产品运行的生命周期为载体,让学生以主动的、实践的、课程之间有机联系的方式学习工程。CDIO 培养大纲将工程毕业生的能力分为工程基础知识、个人能力、人际团队能力和工程系统能力四个层面,大纲要求以综合的培养方式使学生在这四个层面达到预定目标。换言之,CDIO 是产品从研发到运行的生命周期。CDIO 改革的主要目标,是以 C - D - I - O 的产品生命周期为教育背景,以工程实践为载体,培养学生掌握基础工程技术知识,培养动手操作能力,在新产品的开发过程中引导创新,并理解研究和技术发展对社会的重要影响,承担工程科技人才的社会责任。CDIO 是一整套符合工程科技人才成长规律和特点的教育模式,它通过各种教学方法弥补工程专业人才的某些不足,旨在培养全面发展的创新型工程科技人才。

CDIO 面向产业对工程人才的需求,把构思—设计—实现—运行(CDIO)作为工程教育的环境背景,由此获得一系列详细而合理的教学目标。其教学大纲的制订不仅基于社会需求,而且强调培养目标的确定应与产业对学生素质和能力的要求逐项挂钩。课程设置采用关联方式,打破学科之间的壁垒,在避免内容重复的同时保证学生获得社会需要的知识、技能和能力。显然,CDIO 的教学目标与应用型高校本科专业的培养目标是一致的,即培养理论与实践相结合,工程

技术与市场需求相结合的高级专门人才。CDIO 改革的愿景是为学生提供一种在实际系统和产品的构思—设计—实施—运行的背景环境下强调工程基础的工程教育，使学生能够：①掌握深厚的技术基础知识；②领导新产品和新系统的开发与运行；③理解工程技术的研究与发展对社会的重要性和战略影响。

国内外的经验都表明 CDIO"做中学"的理念和方法是先进可行的，适合工科教育教学过程各个环节的改革。2005 年，汕头大学工学院开始学习研讨 CDIO 工程教育模式并加以实施。2007 年 11 月教育部组织召开了 2007 中国高等工程教育改革论坛和 CDIO 国际合作组织会议两个大型会议，香港大学、清华大学、Royal Institute of Technology（Sweden）、University of Liverpool（UK）、Massachusetts Institute of Technology（USA）、Calgary University（Canada）等 40 多所国内外高校的专家学者进行了热烈的讨论普遍认识到工程教育改革的紧迫性与必要性。2008 年 5 月 17—19 日，由教育部高教司理工处和汕头大学联合主办的"2008 年中国 CDIO 工程教育模式研讨会"在汕头大学隆重举行。会议成立了《中国 CDIO 工程教育模式研究与实践》课题组。2008 年 9 月 17 日，教育部 CDIO 工程教育模式研究与实践课题组第二次工作会议在北京交通大学召开。CDIO 工程教育模式的创建人之一美国麻省理工学院教授、美国工程院院士 Ed. Crawley 教授，原教育部高教司高职高专处范唯处长、理工处吴爱华副处长出席了会议。会上，课题组成员汇报了 CDIO 课题组半年工作进展情况，并讨论了今后三年 CDIO 工程教育改革实施方案。2010 年 4 月在北京召开了全国第一次 CDIO 工程教育模式试点工作会议。

第四节　新工科人才"五位一体"创新能力培养模式构建

随着我国经济社会发展进入新常态，党中央、国务院做出了加快实施创新驱动发展战略、建设创新型国家的重大决策。人才是创新的核心要素，创新驱动实质上是人才驱动，迫切需要深化教育教学改革，加快培养富有创新精神人才队伍。从中央到教育系统，全面、深入开展创新创业教育改革已成为共识。纵观美国、英国、德国等国家的创新创业教育体系，基本涵盖政策措施、教学资源、师资队伍、课程体系、创新创业研究中心、创新创业孵化器等要素。美国的创新创业教育体系覆盖到所有层级的学校，覆盖到中小学、研究生。英国政府实施"大学生创业项目"培养大学生创新创业意识、创新创业能力，德国推出"EXIST"项目，鼓励大学生创新创业，成立创新创业中心，推广成功的创新创业教育成果。

国内高校充分吸收借鉴国外高校创新创业的经验，不断完善创新创业项目、课程体系、培养模式、评价机制，构建创新创业教育良好的内外部环境，加大资金扶持力度，完善政策和措施，确保创新创业教育在高等学校顺利开展，形成良好的氛围，提升人才培养质量，为建设工业强国做出重大贡献。逐步深化创新创业教育改革，促进专业教育与创新创业教育有机融合，构建"五位一体"创新创业模式，将"创新、创业"的"双创"教育理念融入人才培养全过程，积极实行全员教育、分层指导的层级式创新创业教育课程体系，实现专业教育与创新创业教育一体化的人才培养体系，着力培养学生创新精神、创业意识和创新创业能力。

一、构建"五位一体"创新创业教育模式

1.政府部门为主导

政府、高校和社会共同努力，形成合力，完善创新创业资金支持和政策保障体系，整合发展财政和社会资金，支持高校学生创新创业活动，设立创新创业教育专项资金，支持创新创业教育教学及实践活动。鼓励社会组织、公益团体、企事业单位和个人设立创业风险基金，以多种形式向自主创业大学生提供资金支持，提高扶持资金使用效益。深入实施大学生创业引领计划，落实各项扶持政策和服务措施，鼓励和支持一批大学生实现自主创业，实现政府、高校、社会(市场)耦合联动的创新教育政策措施，政府行业部门在政策扶持、专项资金资助，高校制定完善的创新创业制度体系、课程体系、评价机制、质量监控等措施，激发高校内生动力，驱动创新创业教育发展，社会(市场)提供服务和支持。

2.高等学校为主体

地方高校人才培养目标多数定位在"高素质应用型人才"培养，符合高等教育走内涵式发展道路，融入创新创业教育，以学生中心，构建创新创业教育体系，实现产学研结合，提升学生综合素质、创新创业能力，提升人才培养质量。目前，国内高等学校是创新创业的主体，面向大学生开展创新创业教育，学校的教学资源、创新创业基地、创新创业教育体系、创新创业实践平台是主要条件要素。构建创新创业教育平台，通过大学生创新创业训练项目、科技竞赛、创新创业大赛、创新创业活动平台、创新创业团队建设平台、创新创业基地平台，开展创新创业教育，深化校企合作，引进社会教育资源，通过校企合作，高校为企业提供技术支持，企业为高校提供创新创业教育资源。

3."卓越计划"为载体

启动"卓越计划"，培养拔尖创新型人才。以实施"卓越工程师培养计划"为先导，逐步启动"卓越医生培养计划""卓越教师培养计划""卓越会计师培养计

划”和“卓越法律人才培养计划”等专项计划，培养拔尖创新型人才。高等学校在学生选拔、培养方案制定、教学环境与条件、经费投入等方面优先考虑，并给予政策倾斜，确保“卓越计划”顺利实施。

4.通识专业相融合

深化创新创业教育改革，促进专业教育与创新创业教育有机融合，构建融通识教育、专业教育与创新创业教育一体化的人才培养体系，着力培养学生创新精神、创业意识和创新创业能力。将“创造、创新、创业”的“三创”教育理念融入人才培养全过程，积极实行全员教育、分层指导的层级式创新创业教育课程体系，地方综合性大学依据专业特点和优势，开设适合本专业人才培养目标的创新创业类课程，构建创新创业教育课程体系。推进创新创业教育理念、专业与创新创业融合、课程体系、教学内容、实践环节和管理机制、教学组织形式等方面进行创新创业人才培养模式的综合改革，解决创新创业教育的难点问题，形成一批创新人才培养基地，激发和培养大学生的创新精神、创业意识和实践能力，设立创新实践学分并纳入人才培养方案。创新实践学分由“科研学分”“技能学分”和“实践学分”三部分构成，其中，“实践学分”可以替代通识教育公共选修课程学分，“科研学分”可以替代专业选修课程学分。

5.社会资源为辅助

国家鼓励创新创业教育的大背景下，国内各大高校积极深化创新创业教育改革，并已经取得了显著的成效：基于“平台型创业学院”整合相关资源成为实施创新创业教育教育的新探索；创新创业教育教育与科技产业园孵化联动模式给大学生提供了更接近真实创业实践的体验；一些专业学科优势明显的高校还开发出了“专业纵深化、产教协同性”的创业实训模式等。当前我国创新创业环境仍然亟待改善，尤其是在面向大学生创新创业的政策扶持、创业教育培训、创业资金保障、创业风险防范、创业文化营造等诸多方面存在一些问题和不足。通过社会（市场）弥补政府、高校创新创业条件不足，引导学生全面认识创新创业、系统培养学生素质、持续健全教育制度、科学建立扶持政策、有效完善风险保障等具有重要的意义。

二、“五位一体”创新创业教育模式运行

1.创新创业教育理念与人才培养目标深度融合

高等教育肩负经济社会发展的使命，为更好的服务国家、区域经济与社会发展，实现高素质应用型人才培养目标，将创新创业教育理念与人才培养目标深度

融合。以学生为中心，以教师为主导，引导学生树立创新创业教育理念，改变传统教学模式，通过案例式、探究式、项目教学法等教学方法，激发大学生创新创业意识，培养学生自主学习能力，创新创业能力，提升人才培养质量。

2.创新创业教育模式与人才培养方案深度融合

创新创业能力培养模式融入人才培养方案。实施大类招生分流培养，设置通识教育课程和学科基础课程。大力推进校企联合培养，加大合作共建力度，共同制定培养方案、共建教师队伍、共建课程、共建实践教学基地，共同组织实施人才培养方案，发挥协同育人优势，积极推进“卓越计划”建设工作；开展课程考试方法方式改革，积极探索实践形成性考核。

3.构建学科交叉融合的课程体系

创新创业人才培养课程具体由基础核心课程、专业课程和就业导向课程。根据工科行业对创新创业人才的需求特点，形成创业学科课程、第二课程、课外实践等体系，必修课、选修课相统一的工科创业课程结构体系，并贯穿于整个专业课程体系之中。其中创新创业理论课程包括创新学、创新思维方法、创新案例、大学生 KBA 创业基础、创业心理学、创业与人生设计、创业经济学、创业案例学等。创新创业实践课程包括学术论文、发明与设计专利、学科竞赛、创业规划等。根据学生个性发展特点，对将来适合从事创新创业活动的学生，结合实际选修以上部分课程，并根据在校期间的作品或成果获得相应的创新创业实践学分。

4.强化实践教学环节，提升创新创业实践的能力

紧紧围绕人才培养目标，体现创新教育理念，突出实践能力培养，加大实践环节比例，更新实验教学内容，逐步增加综合性、设计性和创新性实验，强化实践教学，增设夏季学期实践性教学环节。对实验、实习、课程设计、社会调查、毕业设计（论文）、课外科技活动等实践性教学环节进行调整、优化。推进实验内容和实验模式的改革与创新，增加开放实验、自选实验的比例，培养学生的专业技能，进一步提升创新研究能力，科技创新活动以学科竞赛、创新创业实训为主，以提高学生运用专业知识进行创新创业实践的能力。鼓励学生参加各类学科竞赛、创作，引导学生开展自主实验、自主设计、自主实习等以学生为主体的自主性实践教学活动。

5.丰富学生的学习方式，拓宽学生的学科视野

除了课堂听讲外，学生还可以基于网络资源的自主学习，可根据自己的兴趣阅读大量专业书籍和论文的课外学习，可参与教师科研项目以及各类创新创业训练计划项目、科技创新项目等研究性、创新性学习,参加科技竞赛为途径的实践性学习,以及在导师指导下进行的自主学习。建立大学生创新创业训练基地,面向大学生开放,进行创新创业教育的系统性学习和实践训练,激发学生的学习兴趣,拓展和培养学生的多学科视野,提高学生的创新能力、主动学习能力,培养学生的团队协作精神。

高等学校科技创新的重要基地,创新人才培养模式,构建“五位一体”创新创业教育模式,嵌入创新创业课程,加大实践教学比例,构建创新创业教育课程体系平台,实现创新创业教育与地人才培养深度融合,对于促进高等教育科学发展,深化教育教学改革,提高人才培养质量意义重大深远。

第五节 新工科人才实践创新能力培养模式

工科大学生是工业强国的生力军,切实提高工科大学生实践能力培养是高等学校工程教育肩负的重要使命。高等学校工科以工程技术为主线,以高素质、创新性人才为培养目标,创新能力、实践能力是核心。“中国制造2025”的实施对工科大学生实践能力提出了更高要求,深化高等教育改革,提升人才培养质量、实现实践能力与智能制造深度融合是高等学校面临机遇与挑战。因此,深入探讨研究高等院校工科大学生实践能力的培养对促进高等工程教育改革意义重大深远。

随着德国工业4.0的提出,2015年“两会”上国务院总理李克强谈到“中国制造2025”,“中国制造2025”是中国由世界制造大国走向世界制造强国的战略部署,是中国工业发展的必经之路。改革开放以来,中国工业得到快速发展,形成了完整的工业体系、制造业体系,有利推动了工业自控化、智能化、现代化进程,提升国家综合实力。但目前中国的制造业在自主创新、信息化与工业技术深度融合的能力、供给侧结构改革、绿色制造等方面与欧美等制造业发达国家还存在差距。

《中共中央国务院关于深化教育改革全面推进素质教育的决定》《关于进一步加强高等学校本科教学工作的若干意见》文件精神明确指出,高等工科院校要强化实践教学,提升大学生创新创业能力、实践能力,实践能力是大学生创新创业能力的基础。“中国制造2025”的实施对工科大学生实践能力提出了更高要求,深化高等教育改革,提升人才培养质量、实现实践能力与智能制造深度融合是高等学校面临机遇与挑战。因此,深入探讨研究高等院校工科大学生实践能力的培养对促进高等工程教育改革意义重大深远。高等院校工科要不断整合优化实践教学体系,推进实验教学改革,加强实习基地建设,提高毕业设计(论文)质量,不断强化实践教学在人才培养中的重要地位,培养学生实际动手能力、综合应用能力和创新创业能力。

一、创新实践能力培养的教学体系

依据国家高等教育对工科发展的需求,结合区域经济发展和国家经济发展的总目标,科学合理地制订工科人才培养方案,加强学生实践能力培养,加大实践教学环节学时与学分比例。体现实践教学环节质量标准及质量保障体系建设,将实验教学、实践活动、科技创新活动等有机结合的实践教学体系。实验教学以实验课程、课程实验为主,培养学生基本的实验技能,基本分析问题和处理问题的能力;实践活动以生产(毕业)实习、毕业论文(设计)、专项实践环节(认知实习、专业综合实训、课程设计、社会实践),培养学生的专业技能,进一步提升创新研究能力;科技创新活动以学科竞赛、创新创业实训为主,以提高学生运用专业知识进行创新创业实践的能力。

实践教学过程中,体现实践教学内容和理论教学内容有机结合,体现统筹协调、相互倚重的辩证统一的关系。体现实践教学与专业特色有机结合,通过实践教学促进特色人才培养。体现实践教学与科学研究紧密结合,依托科研项目、大学生创新创业基金、大学生科技创新项目等计划,实施项目教学法,对实践教学内容不断优化更新。加强校内外实践教学有机结合、互为补充、协调发展。将学生的普遍性培养和个性化培养相结合,在满足普遍性需求的基础上,因材施教,为学有专长的学生提供个性化的培养。

鼓励学生参加科技竞赛、创作,引导学生开展自主实验、自主设计、自主实习等以学生为主体的自主性实践教学活动。强化实习教学基地建设,通过校地、校校、校企等合作形式,增加实习教学基地的数量与质量。大力推进学科竞赛,建立大学生创新创业基地、科技园,积极参加各类竞赛以及科技创新创业活动。深化学生对理论知识的理解,为培养学生的实际动手能力、综合应用能力和创新创业能力实践能力。

二、创新实践能力培养的运行模式

1.深化实验教学改革,加强实验教学管理

加强实践教学制度与质量工程建设,构建实践教学环节的质量标准与质量

保障体系，同时加强实践过程管理，实践教学过程的档案建设、实验记录、学生实验报告、实践教学的影像资料、学生实践教学成果等的管理。不断吸收国内外教育教学新成果，及时更新实验内容，深化实验教学改革，采用资产管理平台对大型仪器设备进行监控和管理。积极开展实验教学研究活动，研究实验教学规律，体现更新实验内容和实验项目，改革教学方法，改进实验装置，提高实验教学质量。

2.优化人才培养方案，强化实践教学环节

优化人才培养方案，强化实践教学环节。围绕工科人才培养目标，体现创新教育理念，突出实践能力培养，加大实践环节比例，更新实验教学内容，逐步增加综合性、设计性和创新性实验，强化实践教学，增设专项实践性教学环节。对实验、实习、课程设计、社会调查、毕业论文（设计）、课外科技活动等实践性教学环节进行调整、优化。推进实验内容和实验模式的改革与创新，增加开放实验、自选实验的比例。鼓励学生参加各类学科竞赛、创作，引导学生开展自主实验、自主设计、自主实习等以学生为主体的自主性实践教学活动。目前，工科类院校实践教学环节的比例为30% ~45% 。

3.加强实验教学师资队伍建设，促进教学质量提高

加强实验教学师资队伍，鼓励具有高级职称的理论课教师开设实验课程，兼职实验室管理工作；通过高学历、高职称教师兼任实验教学工作，改善了实验教学师资队伍的职称、学院、学历结构，鼓励专职实验教学人员提升学历、改善学院结构，鼓励专职实验教学人员申报和参与科研项目，加强对实验教学人员的培训交流，逐步提高实验教学人员的专业技能，切实提高实验教学队伍对学生实践能力的培养，保障实践教学质量。

4.大力推进实验室开放，全面提高学生的创新精神和实践能力

通过实验室开放为工科大学生提供良好的实践教学平台，建设与理论教学改革相协调的实验教学开放体系，构筑具有先进设备和先进管理体制的实践平台，以提高学生科学研究和工程实践创新能力为主线，培养知识能力和素质协调发展的高素质应用型人才。转变和更新传统的实验教学理念，牵动实验教学方式、方法及内容的改革，使实验室资源优势得到更充分的发挥，使更多的在校学生受益，为培养和造就高素质应用人才提供最优化的实践环境和学习空间。

推广实施项目教学法，通过教师科研项目、大学生创新创业训练等项目，为学生的自主式实践教学提供开放平台。通过实验室开放为大学生创新创业训练计划、课外科技活动、学科竞赛、毕业论文（设计）提供了必要的场所和技术支持，实行本科生“导师制”，学生在专业老师指导下，通过参加教师科研、申报大学生创新创业项目、学科竞赛等，有目的、有计划地进入实验室，对他们进行科研训练，使他们尽早接触科研，了解科研过程，学习研究方法，促进创新创业能力和综合素质的培养，提升实践能力。

5.建立校内外稳定的实习基地，提高实习质量

高等学校面临着企业供给侧改革、中国智能制造等机遇与挑战，智能制造为企业减少人力资源，在校学生数量庞大，企业实习任务负担过重，高等学院校将实习基地建设任务权利下方，由具体院系负责联系实习基地，导致实习资源不均。为克服实习基地建设困难，高等学校要进一步加大实践资源整合力度，构建校企合作的稳定框架，建立稳定的校内外实习基地，加强产学研结合，引进优质的校外教育资源，增加实习基地数量与实习质量。通过校校、校企、校地联合，实现资源共享。通过顶岗实习等形式，为企业提供人力资源，同时企业通过实习，为适合有意愿的大学生提供就业机会，降低企业招聘风险，大学生通过企业实习，锻炼实践能力。通过实习大学生融入企业，学习企业文化并参加生产实践，再通过实践培养学生的职业素养、创新能力与实践能力。

6.规范过程管理，提高毕业论文（设计）的质量

毕业论文（设计）是本科培养方案的重要组成部分，是完成专业培养目标的重要环节，是本科生毕业和授予学士学位的必要条件。不断完善毕业论文（设计）过程管理，提高毕业论文（设计）质量，多年来毕业论文（设计）得到了高等工科的高度重视，但在毕业论文（设计）选题、毕业论文（设计）过程管理还存在着教师资源不足，学生态度不端正等现象，来源于社会实践的工程项目比例较低，大部分毕业论文（设计）是虚拟课题，因此，规范毕业论文（设计）过程管理、提高社会工程实践项目的比例，切实提高毕业论文（设计）质量。着重在以下几个方面加强规范与管理。一是端正毕业论文（设计）态度，严格请假制度。二是依托社会实践、大学生创新创业项目、教师科研项目进行毕业论文（设计）选题，确保选题质量。三是建立毕业论文（设计）质量标准与质量保障体系，规范过程管理。四是严格毕业论文（设计）考核关，综合评价毕业论文（设计）成绩。

第六章　新工科人才创新能力培养模式的评价体系

新一轮产业革命和技术革新，对未来工程技术人员的工程理念、工程严谨性、批判思维、解决复杂问题的能力提出了更高的要求，由此新工科应运而生。政府层面积极推行新工科研究与实践项目，通过项目分类、分层次引导高校紧跟世界高等工程教育步伐，实现工程教育的跟跑、并跑、领跑。我国的高等工程教育从专业到学生数量占全国高等教育近1/3，具备完整的工程教育体系。但高等工程教育还存在理念不适应、人才结构不适应、知识体系不适应、培养模式不适应等现实表现。新工科人才创新创业培养模式评价应认真贯彻落实中共中央国务院印发《深化新时代教育评价改革总体方案》要求，落实立德树人根本任务，遵循教育规律，通过评价体系建立指挥棒，克服工科人才创新创业教育的短板，破立并举，强化过程评价，探索增值评价，利用信息技术等提升评价的科学性、专业性、客观性，形成富有时代特征、彰显中国工程教育特色、体现世界水平的新工科人才创新创业教育培养模式评价体系。

第一节　基于以评促学的新工科人才创新能力培养评价范式

新工科的专业发展，人才培养，课程设置等一系列变化最终将落实或取决于评价方式的相应变革。随着评价范式的变革与发展，其过程中出现了许多问题与矛盾，“促进学习的评价”俨然成为当今学生学业评价的核心，以促进学生学习为出发点，从工程教育评价的转型、新经济时期对工程人才的要求、针对新工科专业评价的准备工作来探讨其新范式，以期对未来新工科教学评价具有一定的参考价值。

新工科作为当今工程教育领域的关键词，基于工业信息化时代发展需求，新型工科的专业设置、人才培养等已经成为国内不可阻挡的一股潮流。所有教育类的改革终将落实于教育评价的相应变革。新工科专业的评价问题逐渐成为各高校关注的焦点。随着《教育部高等教育司关于开展“新工科”研究与实践的通知》及《制造业人才发展规划指南》的发布出台，及时探讨新工科教育评价或者在大体上探讨未来新工程专业发展人才评价，具有很大的本土价值。基于促进学习的新范式视角来探讨新工科的教学评价，以期从中获得一定的洞见与启迪。

一、新工科评价以评促学新范式

21 世纪以来，在高等工程教育评价领域人们将眼界聚焦到了毕业生的学习产出上，关注学生最终的学习成果和能力。直接的成果测度和间接的过程测度作为质量保障体系中的两座大山，在高等教育领域屹立不倒；前者就像商品一样，消费者关注的是最终的质量，对产品是如何设计和生产的过程并没有太多的过问；后者关注的是学校所提供的教育活动和学生的学习过程。一般而言，通过这两种评价方式，一方面学校可以通过毕业生的就业与发展情况来界定自身的教育产出质量，与此同时也可以通过透视学生的学习成果来断定学生在知识和能力上是否达到了毕业的质量要求。另一方面教育主管部门也需要借助学生学习的直接成果发挥教育的监测、比较和问责等服务功能；在学生看来，评价“定义了实际上的课程”“指引了所有方面的学习行为”，学生大都只会关注于评价之内的东西，对评价之外的内容少有关注。我国高等工程教育领域的质量评价与国外相比起步较晚，与之而来的是评价主体专业水平层次的低下和独立性的缺失；自下而上的自我评估较少，自上而下的官方评估居多；对学生“学”关注少，对教师“教”关注多；然而，教学评价一直作为学校管理、教学、建设的有力保证，同时也是学校促进和不断提升人才培养质量的有力手段，这样的评价并未带来人才培养质量的有效提升。有学者研究发现：在改善教学条件与资源、制度层面以及规范教学管理等物质等方面，我国首轮的教学水平评估起到了巨大的促进作用，但对教学过程、教学方法、教学效率、教风学风等深层方面所起的积极作用效果并不明显。一方面，传统工程教育的评价方法、手段、内容已不适用也不能适用于如今交叉复合的学科专业，学校或企业也不能仅凭分数来判定学生的理论实践水平。另一方面，学生作为自由发展的人，其主体性作用的发挥越来越明显，传统的教学评价方式不仅让学生沦为学习的机器，也失去了学习的最终意义所在，这也不是我们所要追求的工程教育的目的所在。有调查显示，“中国孩子的计算能力是世界最强的”，然而，最强背后学生付出的时间和精力却是其他国家学生无可比拟的，其间学习过程乐趣的丧失和创造力缺乏是无可挽回的，这也是最沉重和最悲痛的代价。而学生的创造能力又是如今新工科人才发展最需要和最重要的关键能力之一。鉴于异化的教育评价带来的个体与社会的双重危机，在工程教育进入内涵发展的今天，工程教育的评价也在呼唤评价范式的转型。

审视西方文明的发展史,从古希腊探索人与自然的本质,到文艺复兴宗教改革的人文主义,要求以人为本,重视自身的价值。结合当今世界经济的快速发展,知识的更新换代周期急速缩短,终身教育已成为全球共识,经济发展对工程教育的人才规格和质量要求越来越高,以往的工程教育评价范式已不能适用经济发展对人才质量的新要求。促进学生学习的评价逐渐成为工程教学评价的主流。

所谓促进学生工程教育评价即以学生学习的视角为出发点,对工程教育学习活动过程的前、中、后期进行关注并给予相应的评价和判断以此反馈学生学习,促其不断向前进步的过程。它要求以结果审视过程,不断持续地收集教学及实践过程中对学习产生影响的各方面信息,根据结果导向改进"教"与"学",其内涵主要包含三方面的内容:第一,区别于传统评价,新的评价范式在学生本身和个体综合素质的发展方面给予了更多的目光。加德纳的多元智能理论告诉我们,人的发展并非是单一的知识和技能,新工科对学生的工程理论、实践水平、家国情怀、全球视野、法治意识和生态意识,终身学习、沟通协商能力、批判性思维和数字化思维、设计思维、工程思维,创新创业、跨学科交叉融合以及工程领导力等众多方面都需要全方位的发展。第二,学生学习与发展是评价的最终归宿也是本质目的。将评价的焦点从"教"转移到"学"本身,所有的教学设施、学校师资、课程设置、教学方法的改善都是为了促进学生的学习;以"过程和结果评价"相结合方式,激励学生在学习过程中的投入,重视过程对结果的直接性影响。第三,树立服务型评价的理念。相比之前的工程教育评价,评价主体处于至高无上的地位,与被评价者处于监督与被监督、控制与被控制的关系,导致教学评价忙于做表面文章,失去了促进学生发展的意义。而新工科评价需要利用第三方或非营利机构对高校教学进行评价,以此保证评价的真实性与客观性,真正反映学生学习成果和教师教学质量。

二、以评促学是新工科教育使命

自古以来,工程教育与产业发展、国家经济相互联系、相互支撑。随着"中国制造2025""一带一路""互联网+"等重大战略的出炉,国家对新兴工程类人才的需求呈指数式快速增长。习近平总书记指出,"我们对高等教育的需要比以往任何时候都更加迫切,对科学知识和卓越人才的渴求比以往任何时候都更加强烈"。然而数据显示:到2020年,我国新一代信息技术产业、电力装备、高档数控机床和机器人、新材料将成为人才缺口最大的几个专业，其中新一代信息技术产业人才缺口将会达到750 万人。到2025 年，新一代信息技术产业人才缺口将达到950 万人，电力装备的人才缺口也将达到900 多万人。与之相对应的是我国拥有世界上最大规模的工程教育。2016 年，工科本科在校生 538 万人，毕业生 123 万人，专业布点 17037 个，工科在校生约占高等教育在校生总数的三分之一。这种供需严重不匹配在很大程度上反映了工程教育发展中的种种问题，如创新人才缺乏、毕业生的交叉融合类知识短缺、学生在国际竞争、实践动手能力方面严重落后等，其归根到底反映的是我国工程教育质量的落后，人才培养与社会的严重脱节。

学生的培养质量直接决定了高等工程教育的发展质量。新工科作为科学、数学、技术等知识与人类的“对接口”，其隶属于应用科学范畴。虽然至今专家们对到底什么是新工科还没有一个明确的定义，但对其基本范畴已达成共识，即“新工科”对应的是新兴产业，首先是指针对新兴产业的专业，如人工智能、智能制造、机器人、云计算等，也包括传统工科专业的升级改造。新工科建设所需培养的是要符合产业经济发展需求同时引领未来发展并重的卓越工程科技人才。以新产业、新技术、新业态和新模式为特征的新经济的发展，社会问题复杂化加剧，工业发展对工程技术人员的要求越来越严格，所以新工科专业发展下的学生学习成果不仅需要反映社会时代发展的脉搏还要紧跟各行业各业以及专业工程师的要求；不仅要在某一学科专业上学业精深，而且应具有“学科复合交叉融合”的特征；不仅要能运用所掌握的知识去解决现有的问题，也要有能力学习新知识、新技术去解决未来发展出现的问题，对未来技术和产业起到引领作用；不仅要在技术上优秀，同时也要懂得经济、社会和管理，兼具良好的人文素养，实现工程教育发展与经济的耦合。

伴随新经济和新行业的发展变革，对人才质量要提出的新要求，新工科发展中的教育评价必须要与时俱进，要让评价在根据每个学生个性和潜力的基础上促进每一个学生的学习，促进学校教学，保证他们的毕业能力达到行业和产业经济发展的要求，达到我们所期望的素质。这种变革迫使我们去重新认识评价与学生发展的关系，审视教学过程与企业生产发展是否对接，专业设置与产业需求是否对接，课程内容与工程认证是否对接，学生能力与行业标准是否对接，工程教育与终身学习是否对接，分析新工科学生在人才市场上的优势与劣势、机遇与挑战，确定评价反馈促进学生发展的方向。正如美国评估学者斯塔弗尔比姆曾说评价最重要的意图不是为了证明，而是为了改进。真正做到“为学而评”“为发展而评”,提升学生的服务社会职业能力。

三、新工科专业评价范式的维度

新的评价范式必然会在实施的过程中出现诸多的问题,这也迫切需要实施者去关注、去解决。一般而言,评价范式需要回答这三个问题:评价的目的是什么?评价的学习理论基础是什么?评价具有什么性质?本文在此基础上提出了新工科评价的七个维度,这七个维度分别为:评价目的、评价主体、评价焦点、学生地位、评价素养、评价任务、关键能力与课程之间的关系。其具体含义内容如下:

维度一:评价目的。教学评价总是基于一定的目的,“促进学习”是新工科评价的最终归宿。借鉴于国外的工程教育质量评价制度,“持续质量改进”的理念在推出新的认证标准方面起到了巨大的推动作用。教师教学和学生学习的目的不仅要关注眼下暂时的学习表现和变化,更重要的是学生严重在工程领域的长远发展能力和造诣。

维度二:评价主体。新工科的评价势必会涉及谁是评价主体的问题。由于历史原因,长期高度集中的计划经济体制,我国的工程教育评价一直是由政府主导和控制,自上而下从各方面指标来判断全国范围内教育的整体质量。如此的评价模式导致各高校在评价中的被动地位。新工科的教学评价要改变之前的评价格局,保证评价主体的独立性与权威性;评价过程中要发挥高校评价的主体性地位,兼顾利益相关者的价值诉求,构建以第三方为主体的结合政府评价、高校自评、学生互评“四位一体”的新工科教育人才培养质量评价体系。

维度三:评价焦点。一般而言,很大程度上评价的目的决定了评价的内容。基于国际认证的工程教育认证,许多方面,我们只考虑了学生的学习产出,然而在目前根据 OECD(2011)美欧工程专业标准中的认证标准其对学习成果的表述抽象程度高,属于总体目标的层次,还不能直接对之进行评价。目前对本科层次的工程学学习成果的评价主要通过课程考试、综合考试、毕业论文/设计等形式开展,分别对应的是阶段性、综合性、实践性的学习成果。这三种评价的共同形式都是由院校主导,不论是在评价内容、方法、主体、过程方面都存在一定的问题,导致评价的结果缺乏客观性、有效性和真实性。新工科评价不仅要考虑到学生的学习产出,还要关注学生在学习过程中在真实情境下的工程实践和解决问题的能力提升,特别是工程创新能力和社会适应能力等一系列未来工程师需要的综合职业能力。

维度四:学生地位。学生的评价地位无可厚非是新工科评价中的重要内容。然而在实际的工程教育中,这一部分常常被忽略,学校教师和政府专家充当了评价者的角色。学生评价权利的赋予是学生作为学习的第一负责人,有权利对自己和同伴的学习进行评价,对工程教育也最有发言权。评价学生的工程能力和职业能力不是一锤定音的事,通过学生的评价能够直观也能快速地了解工程教育的质量状况,及时发现问题,找出解决对策。促进学生发展的新工科评价作为一种统整性评价,不是一锤定音的事,需要整个学习过程中的累积,期间同伴和老师的参与评价显得尤为重要。只有学生参与了整个评价过程,才能明确评价的目标,以此促进自身收集信息从而监控学习过程,最后运用评价的结果进行自我反馈,促进学习。

维度五:评价素养。所有的评价都是形成性的。然而过去工程教育评价促进教学和学生学习方面的效果并未显著,期间的原因众多,但教师自身的评价素养始终是一个不可忽略的因素。教师在学生学习过程和评价中扮演者重要的角色,就这决定在评价过程中教师评价素养的重要性。如果课堂层面的评价是作为促进学生发展的重要渠道,那么教师评价素养的提高是新评价范式来临前的前提条件。提前界定教师评价素养的内涵,或将之纳入教师专业标准,或将以教师专业能力标准的形式加以规定显得尤为重要。新工科评价,教师评价素养的提升势在必行。

维度六:评价任务。工程总是与一定情境相联系,新工科更是如此。这就对新工科评价提出情境性的要求;一般概括包括以下三种情境:来自学生的生活环境相关联、真实的工程情境、专家设计的工程情境。就工程教育而言,表现型任务是检验学生工程能力的最佳方法,比如让学生亲自设计设计一个方案。但在实际的操作中,表现型任务设计与实施的运行成本高、信度低,处于与国际认证的指标能力的比较程序更为复杂,所以在大多工程测评中较为少用。新工科评价任务的设计首先讲究基于过程而非内容,注重对学生工程分析和设计能力的考查,注重业界对工程师的要求,摒弃过去以学科本位和知识本位的评价考核方式;其次,任务内容最好富有一定的挑战性、趣味性、全面性且与现实生活紧密联系,让学生真正学会"像工程师一样思考"。

维度七:关键能力与课程之间的关系。这种关系关系到关键能力的培养在课程中的地位。如果工程教育中关键能力的培养是课程的核心所在,那么关键能力的评价应成为评价的重中之重;如果并非核心,那么核心能力的评价可分为两种方式进行:关键能力与其他课程相整合、融合在一起进行,或者根据关键能力的指标与课程分开进行。其中关键能力的评价可以就整体能力进行评价，也可以选择其中几条关键指标进行评价，再者是单独对某条核心的指标进行评价，前提是所有的关键能力的指标必须明确、具体、具有一定的可操作性和可观察性。

第二节　新工科背景下大学生创新创业教育条件支持评价体系

一、大学生创新创业教育条件支持评价指标体系

大学生创新创业教育条件支持评价体系，可参照深化创新创业教育改革示范高校认定工作指导标准，突出建设成效，聚焦课程体系、培养机制、教法创新、实践训练、教师队伍等重点领域和关键环节改革，持续推进创新创业教育优质在线开放课程建设、"专创融合"特色示范课程建设、开展师资培训、参与中国国际"互联网+"大学生创新创业大赛、"青年红色筑梦之旅"活动等重点工作进行评价。

（一）组织保障

1.发展规划

将创新创业教育纳入学校"十三五""十四五"总体规划。学校层面制定了科学系统的创新创业教育改革实施方案，实施效果良好。

2.工作机制

成立由主要负责同志任组长的创新创业教育工作领导小组，定期研究部署相关工作。建立由教务部门牵头、多部门齐抓共管的创新创业教育工作机制。成立了有利于整合校内资源推进创新创业教育的专门机构。

3.制度建设

建立创新创业学生转专业、弹性学制、创新创业学分积累与转换、创新创业档案和成绩单、创新创业奖学金等相关制度和激励政策。将创新创业教育考核评价纳入教师专业技术职务评聘和绩效考核标准，建立教师到行业企业挂职锻炼制度，为从事创新创业教育的教师建立了合理的职称职务晋升通道。

4.资金保障

中央集中彩票公益金大学生创新创业教育专项资金执行率高、绩效评价好。学校安排相关专项资金，持续支持创新创业教育改革。

（二）教育过程

1.培养方案设计实施

定期修订人才培养方案，明确创新创业教育目标要求，设立创新创业必修学分。根据学生创新创业实际，实施灵活的学籍管理方式。

2.课程建设

面向全体学生开设了高质量的新生研讨课、学科前沿、创业基础等必修课和选修课，打造了创新创业教育专门课程模块。自主建设了创新创业教育在线开放课程、选课人数达到一定规模，重点打造了一批专创融合的特色示范课程。自主编写了创新创业教育相关教材、建立了案例库。

3.教学创新

设立专门的创新创业教育教改立项，支持教师开展教学改革探索。广泛使用启发式、讨论式、参与式教学，积极推广小班化教学、混合式教学、翻转课堂，构建线上线下相结合的教学模式，改革考核内容和方式，探索实施非标准答案考试等。

4.教师队伍

建立了创新创业教育专职教师队伍。支持专业教师讲授创新创业类课程、指导学生创新创业实践。聘请各行业优秀人才担任创新创业兼职导师、建有创新创业导师库，建有相应管理规范，实行动态调整。面向教师开展创新创业教育相关培训。

5.实践训练

建有创新创业实践平台（含大学生创业园、创业孵化园、众创空间、科技园、校企联合实验室、创新创业活动中心等）。与行业企业、科研院所等共建一批校外创新创业实践平台（含创业实训或创业实习基地、创业孵化基地等）。积极实施大学生创新创业训练计划。组织开展“青年红色筑梦之旅”活动。积极参加“互联网＋”大学生创新创业大赛。成立学生创新创业协会、创业俱乐部等。

（三）教育成效及特色示范

1.教育效果

一般以创新创业教育学生覆盖面，在校大学生参与创新创业实践比例，创新创业教育改革获省部级教学成果奖情况，影响和带动其他高校情况四个方面评估教育效果。

2.社会效益

落地项目数，带动就业人次，应届毕业生创业情况，毕业五年内学生创业情况。

3.特色项目

学校在创新创业教育实施中取得最为突出的业绩或重大改革创新，形成具有学校特色的典型经验和模式，具有可复制、可推广价值的举措。

二、大学生创新创业教育条件支持评价指标标准

基于前述三类内容，从组织保障、教育过程、教育成效及特色示范3个一级指标体系，12个二级指标体系，37个三级指标体系，来进行大学生创新创业教育条件支持的评价，具体指标标准如表6－2－1所示。

表6－2－1　大学生创新创业教育条件支持评价标准

一级指标	二级指标	三级指标
组织保障（20分）	发展规划	将创新创业教育纳入学校“十三五”“十四五”总体规划
		学校层面制订了科学系统的创新创业教育改革实施方案，实施效果良好
	工作机制	成立由主要负责同志任组长的创新创业教育工作领导小组，定期研究部署相关工作
		建立由教务部门牵头、多部门齐抓共管的创新创业教育工作机制
		成立了有利于整合校内资源推进创新创业教育的专门机构
	制度建设	建立创新创业学生转专业、弹性学制、创新创业学分积累与转换、创新创业档案和成绩单、创新创业奖学金等相关制度和激励政策
		将创新创业教育考核评价纳入教师专业技术职务评聘和绩效考核标准，建立教师到行业企业挂职锻炼制度，为从事创新创业教育的教师建立了合理的职称职务晋升通道
	资金保障	中央集中彩票公益金大学生创新创业教育专项资金执行率高、绩效评价好
		学校安排相关专项资金，持续支持创新创业教育改革
教育过程（50分）	培养方案设计实施	定期修订人才培养方案，明确创新创业教育目标要求，设立创新创业必修学分
		根据学生创新创业实际，实施灵活的学籍管理方式
	课程建设	面向全体学生开设了高质量的新生研讨课、学科前沿、创业基础等必修课和选修课
		打造了创新创业教育专门课程模块
	课程建设	自主建设了创新创业教育在线开放课程、选课人数达到一定规模
		重点打造了一批专创融合的特色示范课程
		自主编写了创新创业教育相关教材、建立了案例库

续表

一级指标	二级指标	三级指标
教育过程（50分）	教学创新	设立专门的创新创业教育教改立项，支持教师开展教学改革探索
		广泛使用启发式、讨论式、参与式教学，积极推广小班化教学、混合式教学、翻转课堂，构建线上线下相结合的教学模式，改革考核内容和方式，探索实施非标准答案考试等
	教师队伍	建立了创新创业教育专职教师队伍
		支持专业教师讲授创新创业类课程、指导学生创新创业实践
		聘请各行业优秀人才担任创新创业兼职导师、建有创新创业导师库，建有相应管理规范，实行动态调整
		面向教师开展创新创业教育相关培训
	实践训练	建有创新创业实践平台（含大学生创业园、创业孵化园、众创空间、科技园、校企联合实验室、创新创业活动中心等）
		与行业企业、科研院所等共建一批校外创新创业实践平台（含创业实训或创业实习基地、创业孵化基地等）
		积极实施大学生创新创业训练计划
		组织开展“青年红色筑梦之旅”活动
		积极参加“互联网＋”大学生创新创业大赛
		成立学生创新创业协会、创业俱乐部等
教育成效及特色示范（30分）	教育效果	创新创业教育学生覆盖面
		在校大学生参与创新创业实践比例
		创新创业教育改革获省部级教学成果奖情况
		影响和带动其他高校情况
	社会效益	落地项目数
		带动就业人次
		应届毕业生创业情况
		毕业五年内学生创业情况
	特色项目	学校在创新创业教育实施中取得最为突出的业绩或重大改革创新，形成具有学校特色的典型经验和模式，具有可复制、可推广价值的举措

第三节　新工科背景下大学生创新创业教育条件支持评价模型

从上述创新创业教育条件支持评价指标体系可以看出，影响创新创业教育的条件支持因素很多，并且很复杂。大多因素具有定性评价，定量评价存在评价不准、不全面的问题。同时由于专家视角不同、经历不同在评审的过程中难免存在主观和盲目性。根据模糊数学理论，运用模糊层次分析方法，建立定量的模糊数学模型,对新工科人才创新创业教育条件支持体系进行评价。

一、模糊层次分析法(FAHP)的基本原理

模糊数学是处理模糊现象的一门数学学科,并已成为现代信息科学中的一个重要的数学理论与方法,与此同时,也形成了特色鲜明的模糊应用技术。在近50年的发展过程中,模糊数学发展迅速,其研究成果涉及人工智能、模糊控制、模糊推理、模糊识别等各学科领域。模糊数学理论与应用方法正在被越来越多的自然科学和社会科学工作者所接受,并在自然科学、社会科学 、工程技术的许多领域,如工业过程控制、信息科学、人工智能、气象、环保、行为科学、管理科学、军事科学、航空航天技术、预测与决策技术等诸多方面取得了明显的成功。

模糊理论(Fuzzy Thoory)是在模糊集合(Fuzzy Set)理论基础上发展起来的,经过半个多世纪的发展应用,主要包括模糊集合理论、模糊逻辑、模糊推理和模糊控制等方面的内容。应用最有效、最广泛的领域就是模糊控制,模糊控制在各种领域出人意料地解决了传统控制理论无法解决的或难以解决的问题,并取得了一些令人信服的成效。借助科学化的方法理论,通过数学、矩阵的应用运算,可以尽量避免主观的、偏见的、经验的设定方法,合理地分配各类的权重,确保评价客观真实。层次分析法(AHP)及其改进后的模糊层次分析法(FAHP),适用于定性判断起主要决策的、对最终结果难于适合准确计量的场合,就是在对难以定量决策问题的本质、相关联的因素以及内在关联情况等进行

深刻分析之后,构建对应的层次模型结构,然后使用较少的定量信息。

二、模糊层次分析法(FAHP)的计算过程

层次分析法(Analytic Hierarchy Process,简称AHP)是美国运筹学家、匹兹堡大学教授萨蒂(T. L. Saaty)于20世纪70年代中期提出来的一种实用的多准则评价方法。AHP的关键环节是建立判断矩阵,然而通过分析发现:判断矩阵的一致性指标难于达到;判断一致矩阵的一致性与人类决策思维的一致性存在差异。另外,采用1-9标度法难以做到判断的一致性。基于以上原因,将模糊一致矩阵引入层次分析中,通过建立模糊一致矩阵确定评价指标权重。这种方法称为模糊层次分析法,即FAHP。

1.构建递阶层次结构

通过对评价因素的分析,建立了评价模型,如表6-3-1所示。

表 6-3-1　递阶层次结构

目标层	准则层	指标层
A	B_1	C_1
		C_2
		C_3
		C_4
	B_2	C_5
		C_6
		C_7
		C_8

2.构建模糊互补判断矩阵

模糊互补判断矩阵是针对上一层某指标,本层次与相关指标之间重要性的两两比较。一般用 $R=(r_{ij})n*n$ 表示。假定上一层次的指标 C 同下一层次中的指标相关,则模糊一致判断矩阵可表示为:

C	a_1	a_2	$\cdots$	a_n
a_1	r_{11}	r_{12}	$\cdots$	r_{1n}
a_2	r_{21}	r_{22}	$\cdots$	r_{2n}
$\cdots$	$\cdots$	$\cdots$	$\cdots$	$\cdots$
a_n	r_{n1}	r_{n2}	$\cdots$	r_{nn}

其中,r_{ij}反映的是指标 a_i 和指标 a_j 相对于上一层指标 C 进行比较时,a_i 和 a_j 具有模糊关系"…比…重要得多"的隶属度。为了确定该隶属度,需要建立0.1~0.9 的模糊判断尺度,如表 6-3-2 所示。由此可得到如下的模糊判断矩阵:

$$\boldsymbol{R}=\begin{bmatrix} r_{11} & r_{12} & \cdots & r_{1n} \\ r_{21} & r_{22} & \cdots & r_{2n} \\ \cdots & \cdots & \cdots & \cdots \\ r_{n1} & r_{n2} & \cdots & r_{nn} \end{bmatrix}$$

表 6-3-2　0.1~0.9 的判断尺度

标度	定义	说明
0.5	同等重要	两个元素相比,同等重要
0.6	稍微重要	表示两个元素相比,一元素比另一元素稍微重要
0.7	明显重要	表示两个元素相比,一元素比另一元素明显重要

续表

标度	定义	说明
0.8	重要得多	表示两个元素相比,一元素比另一元素重要得多
0.9	极端重要	表示两个元素相比,一元素比另一元素极端重要
0.1,0.2 0.3,0.4	反对较	若元素 a_i 与元素 a_j 相比较得到判断 r_{ij},则元素 a_i 与元素 a_j 相比较得到的判断为 $r_{ji}=1-r_{ij}$。

模糊互补矩阵 $\boldsymbol{R}$ 具有如下性质:

(1)$r_{ii}=0.5, i=1,2,\cdots,n$;

(2)$r_{ij}=1-r_{ji}, i=1,2,\cdots,n; j=1,2,\cdots,n$;

3.由模糊一致矩阵计算权重

在构造模糊判断矩阵时,需要考虑模糊判断矩阵的一致性。然而在实际决策分析中,往往不能直接构造出具有一致性的判断矩阵。因此需要通过以下公式进行转化。从而获得模糊一致性矩阵。

$$r_{ij}=\frac{r_i-r_j}{2(n-1)}+0.5 \tag{6-1}$$

其中,

$$r_i = \sum_{k=1}^{n} a_{ik}, \quad i = 1,2,\cdots,n$$

然后根据以下公式可以得到矩阵中各指标相对权重 w_i。

$$w_i = \frac{1}{n} = \frac{1}{2a} + \frac{1}{na}\sum_{k=1}^{n} r_{ik}, \quad i = 1,2,\cdots,n \tag{6-2}$$

其中,参数 $a \geqslant (n-1)/2$,以保证排序权重 $w_i \geqslant 0$,a 值越小表明决策者越重视因素间重要程度的差异,在实际应用中,取 $a=(n-1)/2$。

4.计算结果

依据相关专家的意见,采用 0.1－0.9 数量标度,构造准则层相对于目标层的模糊判断矩阵如下所示。

$$\boldsymbol{R}=\begin{pmatrix}0.5 & 0.6\\0.4 & 0.5\end{pmatrix}$$

同理,可以得到指标层对于准则层和指标层对于准则层的模糊判断矩阵如下所示。

$$\boldsymbol{R}_1=\begin{pmatrix}0.5 & 0.4 & 0.9 & 0.8\\0.6 & 0.5 & 0.9 & 0.9\\0.1 & 0.1 & 0.5 & 0.6\\0.2 & 0.1 & 0.4 & 0.5\end{pmatrix}$$

$$\boldsymbol{R}_2=\begin{pmatrix}0.5 & 0.4 & 0.2 & 0.6\\0.6 & 0.5 & 0.3 & 0.5\\0.8 & 0.7 & 0.5 & 0.9\\0.4 & 0.5 & 0.1 & 0.5\end{pmatrix}$$

结合公式对以上矩阵进行完全一致性逼近,调整后得到模糊一致判断矩阵,并对其计算,从而得到权重结果。

以一级指标为例,在 Excel 中输入矩阵,利用 SUM 函数计算行和,然后利用式(6-1),得到模糊一致性矩阵,因为是二阶矩阵,因此 $n=2$,可以得到 $a=0.5$,由此,结合式(6-2),得到权重结果。

三、模糊层次分析法(FAHP)的评价模型

1.确定评价指标集

新工科背景下大学生创新创业教育条件支持评价的一级指标集,记为 $\boldsymbol{Q}$,$\boldsymbol{Q}=\{q_1,q_2,q_3,\cdots,q_k\}$,共 k 个评价子指标,如创新创业教育条件支持评价 = {组织保障,教育过程,教育成效及特色示范}。

确定影响第 $i(i=1,2,\cdots,k)$ 个评价指标的二级指标集,记为 Q_i,$Q_i=\{q_{i1},q_{i2},q_{i3},\cdots,q_{il}\}$,表示第 i 个评价指标集共有 l 个子评价指标。如,教育过程 = {培养方案设计实施,课程建设,教学创新,教师队伍,实践训练}。

确定影响第 i 个评价指标的第($j=1,2,\cdots,l$)个子评价指标的三级指标集,记为 Q_{ij},$Q_{ij}=\{q_{ij1},q_{ij2},q_{ij3},\cdots,q_{ikm}\}$,表示第 i 个评价的第 j 个子评价指标有 m 个基础评价指标。如实践训练 = {指标与行业企业、科研院所等共建一批校外创新创业实践平台(含创业实训或创业实习基地、创业孵化基地等)}。

2.确定指标权重和评语集

指标权重有上述数学模型部分根据专家利用 0.1-0.9 的数量标度对各评价指标作出判断并给出权重,通过计算得到各级评价指标的权重集。评语集按照评价目标的优劣程度,对其进行评价,假设有 n 个等级,记为 $\boldsymbol{P}=\{p_1,p_2,p_3,\cdots,p_n\}$。评语集定义为 $\boldsymbol{P}$ = {优秀,良好,一般,较差,很差}。

3.建立单因素评价矩阵

单因素模糊评价是单独从一个因素出发进行评价,以确定评价对象对评价集元素的隶属程度。Q_{ij}中每个评价指标的隶属度组成的隶属关系矩阵(单因素矩阵)为:

$$R_{ij}=\begin{bmatrix}R_{ij1}\\R_{ij2}\\\vdots\\R_{ijn}\end{bmatrix}=\begin{bmatrix}r_{ij11}&r_{ij12}&\cdots&r_{ij1n}\\r_{ij21}&r_{ij22}&\cdots&r_{ij2n}\\\vdots&\vdots&\vdots&\vdots\\r_{ijm1}&r_{ijm2}&\cdots&r_{ijmn}\end{bmatrix}$$

r_{ijgh}为隶属函数，表示 Q_{ij} 中第 i 个评价指标的第 j 个子评价指标中第 g 个 $(g=1,2,\cdots,m)$ 个基础评价指标对于评价等级 $p_h(h=1,2,\cdots,n)$ 的隶属度，可以通过下式计算。

$$r_{ijgh}=\frac{C_h}{\sum_{h=1}^{n}C_h}$$

式中的 C_h为第 i 个评价指标的第 j 个子评价指标中第 g 个基础评价指标 q_{ijg} 被评为第 h 种结果 $p_h(h=1,2,\cdots,n)$ 专家数。

4.建立模糊综合评价模型

(1)一级模糊综合评价

根据上面的 R_{ij}关系矩阵，Q_{ij}中第 i 个评价指标的第 j 个子评价指标的模糊综合评价结果为：

$$C_{ij}=D_{ij}\cdot R_{ij}=x_{ij1},x_{ij2},\cdots,x_{ijm}\begin{bmatrix}R_{ij1}\\R_{ij2}\\\vdots\\R_{ijn}\end{bmatrix}=C_{ij1},C_{ij2},\cdots,C_{ijn}$$

$$C_{ijh}=\sum_{g=1}^{m}x_{ijg}\cdot r_{ijgh}(h=1,2,\cdots,n)$$

(2)二级模糊综合评价

由上式可得评价指标的模糊评价矩阵为：

$$R_i=\begin{bmatrix}C_{i1}\\C_{i2}\\\vdots\\C_{il}\end{bmatrix}=\begin{bmatrix}c_{i11}&r_{i12}&\cdots&r_{i1n}\\c_{i21}&r_{i22}&\cdots&r_{i2n}\\\vdots&\vdots&\vdots&\vdots\\c_{il1}&r_{il2}&\cdots&r_{iln}\end{bmatrix}$$

式中的C_{ijh}表示的第 i 个评价指标的第 $j(j=1,2,\cdots,l)$ 个评价指标对于评价等级 $p_h(h=1,2,\cdots,n)$ 的隶属度。

根据模糊评价的原始模型进行二级层次的综合评价，可得各评价指标的评价结果为：

$$B_i = D_i \cdot R_i = x_{i1}, x_{i2}, \cdots, x_{il} = \begin{bmatrix} C_{i1} \\ C_{i2} \\ \vdots \\ C_{il} \end{bmatrix} = b_{i1}, b_{i2}, \cdots, b_{in}$$

$b_{ih} = \sum_{j=1}^{l} x_{ij} \cdot r_{ijh} (h = 1, 2, \cdots, n)$，表示第 i 个评价指标对于评价等级 $p_h (h = 1, 2, \cdots, n)$ 的隶属度。

(3) 三级模糊综合评价

评价指标的模糊矩阵为：

$$R = \begin{bmatrix} B_1 \\ B_2 \\ \vdots \\ B_k \end{bmatrix} = \begin{bmatrix} b_{11} & b_{12} & \cdots & b_{1n} \\ b_{21} & b_{22} & \cdots & b_{2n} \\ \vdots & \vdots & \vdots & \vdots \\ b_{k1} & b_{k2} & \cdots & b_{kn} \end{bmatrix}$$

按照模糊评价的原始模型进行三级层次的综合，可得到新工科背景下大学生创新创业教育条件支持评价结果为：

$$\boldsymbol{A} = \boldsymbol{D} \cdot \boldsymbol{R} = x_1, x_2, \cdots, x_k = \begin{bmatrix} B_1 \\ B_2 \\ \vdots \\ B_k \end{bmatrix} = a_1, a_2, \cdots, a_k$$

$a_h = \sum_{i=1}^{k} x_i \cdot r_{ih} (h = 1, 2, \cdots, n)$，表示新工科背景下大学生创新创业教育条件支持评价等级 $p_h (h = 1, 2, \cdots, n)$ 的隶属度。

(4) 结果计算与评价

用最大隶属度原则来确定评判结果，根据 F 值，可将评价分为五个等次，如表 6－3－3 所示。

表 6－3－3　评价等级

F 值	(0,60)	(60,70)	(0,60)	(70,80)	(90,100)
评语集	很差	较差	一般	良好	优秀

第七章　佳木斯大学实行新工科人才创新能力培养优势与特色

第一节　实行创新创业教育改革的优势与特色

为完善大学生创新创业教育体系，深化教学方法改革，突出地方综合性大学创新创业特色，不断提高教育教学质量。建立以教育为基石，活动为依托，竞赛为引领，团队促融合，项目促提升，基地促转化的全程、全方位的创新创业指导服务体系。搭建实践平台，将创新创业教育与科研相结合，鼓励教师将科研项目融入创新创业教育工作中，多渠道培养学生创新意识和创造能力，鼓励组建团队，积极参与各类竞赛，努力提升学校的创新创业质量，营造浓厚的创新创业氛围，将整创新创业教学工作推向新高度。

高校作为高素质创新型、应用型人才成长的摇篮及国家创新体系的重要支柱，将成为集人才培养、知识创新与技术创新、高新技术产业开发三位一体的重点基地。近年来，我国也充分认识到了培养创新人才的重要性，长期以来，教育的核心转向了培养创新人才，并把创新能力的培养列为教育的重中之重。众多的高等教育研究人员还从多角度对我国大学生创新能力的培养进行了深入的探索，对大学生创新能力的提高起到了积极的引导作用。

为深入实施创新驱动发展战略，把创新创业推向更大范围、更高层次、更深程度，保就业、提升人才培养竞争力，在人才培养方案的修订过程中，融入创新创业教育课程模块，同时加大实践教学环节的比例，将创新创业教育课程体系与人才培养课程体系深度融合，实现所有专业全覆盖，无盲点的课程教育体系。构建成集课堂教学、第二课堂、公益实践、社会实践、艺体实践的“五位一体”的综合创新创业教育体系。增设《创新能力培养》《创业学》《职业生涯规划》等创新创业课程，通过各类专业认知实习、校外实习、实习顶岗、夏季学期实践教学环节等实践教学活动，培养学生的综合素质，创新创业意识、创新创业能力，提升人才培养质量。

一、深化创新创业教育的教法改革

(一)改革教学方式,提升学生的综合素质与能力

学校创新创业教育课程广泛开展启发式、讨论式、参与式等教学模式,有效提升创新创业教育教学效果与质量。《大学生就业指导》课程任课教师结合学生就业情景广泛采用启发式、参与式教学,构建以学生为中心的教学方式,通过情景设定启迪学生思维,调动学生积极性,依托翻转课堂实现学生参与式教学,教学效果良好;《大学生职业生涯规划》课程任课教师以学生人格和兴趣为出发点,结合职业生涯理论开展个性化的讨论式教学,让学生在掌握职业生涯基本理论时也逐步规划自己的人生;《大学生创业基础》课程任课教师,结合国家宏观经济政策、创新创业实践、专业理论知识开展参与式教学,引导学生早进实验室、参与教师课题,模拟写作商业计划书,有效提高了创新创业教育质量。

通过开展启发式、讨论式、参与式教学,实现了课堂教学以学生为中心,增强教学过程中教师与学生之间的交互程度,提高了学生的学习兴趣,充分调动学生学习的积极性,实现了学生之间的充分互动交流,使学生学会独立思考、善于质疑,在不断的交流碰撞中更好掌握知识和技能,强化了创新创业能力和实践能力培养,增强了学生的就业竞争力。

学校实行1学时前沿教案制,要求学校全部任课教师把本专业国际前沿学术发展、最新研究成果和创新创业实践融入课堂教学,注重培养学生的批判性和创造性思维,激发创新创业灵感,使全体学生创新创业精神、创新创业意识和创新创业能力得到有效提升。

学校实行全员式、全过程的层级式创新创业教育课程体系,在低年级开设普及式创新创业教育基础上,要求各专业结合专业特点和专业人才培养目标开设专业创新创业课程,全面实行小班授课,强化创新创业实践能力培养,学生受益面较大。学校为个别高年级有创业潜质和创业意愿的学生创新创业项目转化与孵化配备专门的导师,提供专业智力支持。

(二)改革考核内容和方式,强化综合能力培养

为全面评价学生知识深度和广度、考核学生综合能力和素质,大力提升教育教学质量,强化学生自主学习能力的培养,学校积极开展课程考试考核方式方法改革,制定《佳木斯大学本科生考试管理办法》《佳木斯大学关于实施课程形成性

考核的指导意见》等制度，要求教师将平时考核与终结考核相结合，鼓励实施开卷考试，各教学单位开卷考试比例不低于其承担课程总门数的 30%；创新创业教育课程实施非标准化考试，将学生平时考核与终结考核相结合，突出学生创新创业能力等综合能力考核。

《大学生职业生涯规划》课程结束后要求学生结合所学知识提交一份自己的职业生涯规划书，规划书内容涵盖自我认知、职业认知、职业生涯规划设计、职业生涯规划评估与调整等内容，这份规划书既体现课程教学内容，也体现课程教学目的，是实现教学目标的有效考核方式。

《大学生创业基础》课程结合日常教学成绩考核，在课程结束时要求学生结合专业知识、创新创业理论撰写《创业企划书》，提出创新创业设想，客观分析创业所面临的机会与困难、优势与缺点、营销策略、产品策略、财务决策等商业计划，虚拟创业实践，培养学生创业风险分析与防范，有效提升学生创新创业实践能力。

各专业开设的专业创新创业教育课程，任课教师在结课后普遍要求学生结合专业特色制定一份创新创业实践报告或创新创业训练报告，使专业知识和创业实践有机融合，提升学生创新创业意识与实践能力。

二、深化创新创业教育的实践训练

（一）强化实践训练环节，构建创新创业教育实践平台

在人才培养方案的修订过程中，融入创新创业教育课程模块，同时加大实践教学环节的比例，将创新创业教育课程体系与人才培养课程体系深度融合，实现所有专业全覆盖，无盲点的课程教育体系。构建成集课堂教学、第二课程、公益实践、社会实践、艺体实践的综合创新创业教育体系。增设《创新能力培养》《创业学》《职业生涯规划》《大学生 KAB 创业基础》等创新创业课程，通过各类专业认知实习、校外实习、实习顶岗、夏季学期实践教学环节等实践教学活动，培养学生的综合素质，创新创业意识、创新创业能力，提升人才培养质量。

学校积极建设创新创业教育实践平台，将创新创业教育与创新创业训练、校长创新创业基金、大学生科技创新、教师科研等项目相结合，鼓励教师将项目教学法融入创新创业教育工作中，多渠道培养学生创新意识和创造能力，鼓励组建团队，积极参与各类竞赛，努力提升学校的创新创业质量，将整个学校的创新创业教学工作推向新高度。

（二）强化校内科技创新资源建设，面向全体在校学生开放

学校加强校内科技创新资源建设，建立了大学科技园、佳木斯市大学生就业创业创新服务中心、佳木斯大学科创业实训基地，作为创新创业教育实践平台。面向全体在校学生开放，将高效的科技创新资源向学生开放，能使学生们更好地将理论知识应用到实际当中，并为他们创新创业找到更合适的方向。以佳木斯市大学生就业创业创新服务中心、佳木斯大学科技企业孵化器为依托，为大学生提供免费的生产经营场所、设备及技术，继续引进、孵化学生创业项目。学校教学资源面向在校学生开放，充分利用各种资源建设好校内实践教学基地，扶持创新创业项目落地孵化。

三、深化创新创业教育的优势特色

学校始终扎实开展大学生创新创业教育工作，通过多种措施营造了浓厚的创新创业氛围。根据《国务院办公厅关于深化高等学校创新创业教育改革的实施意见》等创新创业文件精神和学校高水平大学的建设目标，落实本科质量工程建设计划，结合学校综合性大学培养应用型本科人才的办学宗旨，将创新精神、创业意识和创业能力的培养贯穿在教学实践的逐个环节中。学校制定并下发了《佳木斯大学关于教学管理改革的实施意见》，明确要求将大学生创新创业训练计划和创新创业教育列入专业培养方案，学校从课程设置、学生选课、考试、成果认定、学分认定、学籍管理等方面都给予政策支持。

一是建机制，重落实，创新创业工作保障有力。学校成立大学生创新创业教育工作领导小组，负责领导创新创业工作，教务处负责大学生创新创业工作的日常管理。建立由教务处牵头，团委、招生就业处、科技处、学生工作部、研究生部、各学院齐抓共管的创新创业教育工作机构。建立创新创业教育工作监督、检查体系，定期开展专项督导，将创新创业教育工作落到实处。

二是强师资，促融合，创新创业教育稳步推进。学校按照以专任为主、专兼结合原则，通过“专业和非专业相结合”“工作和业余时间相结合”“校内校外相结合”的方式，对专任教师、兼职班主任、辅导员进行培训，要求教师将创新精神和创业意识融入课堂中。支持教师将基于创新的科技成果转化为创业项目，并鼓励带领学生创新创业。

三是双驱动，重内涵，创建“五位一体”的综合创新创业教育体系。学校深入实施创新驱动发展战略，把创新创业推向更大范围、更高层次、更深程度，保就

业、提升人才培养竞争力，在人才培养方案的修订过程中，融入创新创业教育课程模块，同时加大实践教学环节的比例，将创新创业教育课程体系与人才培养课程体系深度融合，实现所有专业全覆盖，无盲点的课程教育体系。构建成集课堂教学、第二课堂、公益实践、社会实践、艺体实践“五位一体”的综合创新创业教育体系。增设《创新能力培养》《创业学》《职业生涯规划》等创新创业课程，通过各类专业认知实习、校外实习、实习顶岗、夏季学期实践教学环节等实践教学活动，培养学生的综合素质，创新创业意识、创新创业能力，提升人才培养质量。

四是搭平台，促提升，创新创业实践成效显著。学校积极搭建创新创业竞赛、创新创业实践、创新创业项目、创新创业团队等实践平台，将创新创业教育与科研相结合，鼓励教师将科研项目融入创新创业教育工作中，多渠道培养学生创新意识和创造能力，鼓励组建团队，积极参与各类竞赛，努力提升学校的创新创业质量，将整个学校的创新创业教学工作推向新高度。

五是建体系，重服务，创新创业指导力求实效。结合学校实际情况，学校逐步建立起了以教育为基石，活动为依托，竞赛为引领，团队促融合，项目促提升，基地促转化的全程、全方位的创新创业指导服务体系。

第二节　实行“医工结合”“产学研用”协同融合优势与特色

近年来，学校聚焦卫生、制造业、教育和文化等行业产业需求，紧紧围绕国家及区域重大战略与重点发展产业、黑龙江全面振兴全方位振兴和佳木斯市城市提档升级，出台了《佳木斯大学关于推进落实产学研合作工作的实施意见》，以思政课程、课程思政为引领，落实立德树人根本任务，推进产教协同、医教协同、“四新”建设、卓越计划、创新创业教育等综合教育改革，根植三江沃土，秉承黑土文明，践行文化戍边使命。学校将“产学研用”协同育人作为人才培养模式改革的重要依托，充分发挥我校“地方性”“综合性”优势，建立“学校主体、企业主导、政府指导、市场运作”的“产出导向 + 基础强化 + 交叉提升”新模式，设立区域性、行业性的校外创新实践基地 117 个，搭建“产学研用”协同融合新平台。

学校作为黑龙江省唯一具有医学、工学门类的地方综合性大学，为促进“产学研用”深度融合，学校成立医学部，建成黑龙江省口腔生物医学材料及临床应用重点实验室、口腔医学工程中心、口腔医学与材料科学特色应用型本科示范建设专业集群，正在筹建区域医疗中心，与北京大学医学部、中国医疗器械有限公司、佳木斯市政府、佳木斯市医药卫生企业签署“产学研用”战略合作协议。形成了新型牙体种植体为主的生产、研发、应用为一体的“整套体系”，提升口腔产品的技术含量，带动黑龙江地区的口腔材料和产品向高端发展，填补国内口腔产品市场空白，“产学研用”协同融合育人优势与特色明显。

一、办学特色成果基本概述

（一）学校发展总体情况

学校始建于1947年，是黑龙江省重点建设的省属高水平综合性大学，设有24个学院和1个医学部，教职工3800余名，专任教师1595人，其中具有硕士学位教师1198人、高级职称教师717人，入选教育部高等教育教学指导委员会委员3人，龙江青年学者1人、省级教学名师9人。有博士学位授权一级学科2个，硕士学位授权一级学科14个，硕士专业学位授权点9个，博士后科研流动站2个、博士后科研工作站3个；有省级“头雁计划”团队和“双一流”特色学科各1个。有教育部工程研究中心1个、省级重点实验室5个、省高校重点实验室3个、省级实验教学示范中心4个。有本科专业82个，有国家级特色专业3个、国家一流本科专业建设点3个、省级一流本科专业建设点24个、省级特色应用型本科示范建设专业集群1个；有国家级一流本科课程2门、省级一流本科课程18门。获批黑龙江省首批深化创新创业教育改革示范高校和共享型高校创新创业孵化平台。科技园现已建成为黑龙江省科技企业孵化器、黑龙江省技术转让示范基地、黑龙江省中小企业创业创新基地。

（二）办学特色成果形成的背景、定位、目标和必要性

学校深入贯彻新发展理念，构建新发展格局，深入实施新驱动发展战略，适应和引领经济发展的新业态、新模式、新常态，加快建设创新型国家进程，学校医工结合“产学研用”协同培养人才，顺应大众创业、万众创新热潮。科技园区、大学生科技创新中心、众创空间、新电商培训基地等创新实践平台，为大学生创新创业、产教融合提供了实践载体，激发大学生创新、创造活力，提升毕业生岗位胜任力与创新促进创业能力，为经济社会发展提质赋能增效。

2001年，学校生物医用材料实验室获批黑龙江省高校重点实验室，作为学校医工结合“产学研用”协同融合平台的萌芽，经过近20年的发展建设，生物医用材料重点实验室已成为学校产教协同的重要载体，2019年。“新型生物医用口腔种植体及配套装备研发团队”获批黑龙江省“头雁计划”团队，同年，建立口腔医

学工程中心。2020年,口腔生物医学材料及临床应用实验室批黑龙江省重点实验室,同年,口腔医学与材料科学专业集群省级特色应用型本科示范建设专业集群。通过口腔医学与材料科学等学科交叉融合,打造我校培养高素质应用型人才的协同育人平台,力争建成在国内外口腔数字化材料领域具有一定影响力的创新研发平台和强化校际、校地科研交流与合作的开放共享平台。形成产教融合、医教协同特色明显的应用型人才培养体系,使学校综合性大学优势得以凸显,人才培养质量大幅提升,服务龙江"六个强省"战略,带动引领黑龙江口腔材料和产品向高端发展,填补国内口腔产品市场空白,提升学校服务行业与地方经济社会发展能力等方面做出新的更大贡献。

学校口腔生物医学材料及临床应用、口腔医学工程中心"产学研用"协同融合平台,立足龙江,面向全国,着眼经济社会发展对高素质应用型人才的需要。关注我省经济结构调整和产业转型升级的趋势动态,跟踪口腔生物医用材料产业发展。紧密对接产业链、创新链,强化学科交叉技能训练,探索符合社会产业需求、具有新医科和新工科专业特征、产教协同、医教协同的人才培养体系,以适应新时代经济社会发展需要。致力于培养具备"有情怀、学习好、身体棒、会审美、爱劳动、技能强、会创业、乐奉献"等八个方面特色的高素质应用型人才。

学校现已建成大学生科技园区、科技创新基地、医学实训中心、工程训练中心、创新创业学院、新电商培训基地,形成集实验室、中试基地、医工结合协同融合工程中心、科创基地、创客空间、工程实践创新中心、电子测试中心、市校融合"互联网+"大学生创新创业基地为耦合联动的"产学研用"协同融合的教育环境。3D打印、无人机、机器人、智能制造设备、创客空间等先进的设施,为"产学研用"协同融合提供优质资源与条件保障。

二、办学特色成果创新情况

学校全面贯彻落实国家、省医教协同和进一步推进医学教育改革与发展有关文件精神,为充分发挥综合性大学学科门类齐全优势,学校高度重视口腔医学专业的引领地位,通过修订专业培养方案、实施课程整合、创新教学方法、医教协同、产教融合等举措,锻造专业长板,不断提口腔医学教育水平及医学人才培养质量。完善口腔医学教育管理体制与运行机制。将思想政治教育和职业道德教育贯穿教育教学全过程,进一步加强以口腔医学职业道德、职业态度和职业价值观为基本内容的职业道德教育。利用综合性大学人文学科优势,在口腔医学教育过程中,增加口腔医学专业人文选修课门数,培养口腔医学生人文素养。适当压缩理论学时，增加实践学时，设置以早期临床为导向的课程，注重对学生进行早期临床教育，提高其临床实践能力。

学校口腔生物医学材料及临床应用、口腔医学工程实验中心“产学研用”协同融合平台的建立，加速新型牙体种植体为主体“产学研用”项目的理论研究与实践，推进材料、构型、表面改性等方面的创新性研究，现已研发出1套CFDA认证的新型种植体系统和配套器械用于教学科研、服务社会，预期可实现年产新型牙种植体系统5万套，新增产值1亿元，将会产生不可估量的社会效益。同时，将极大地推动我国生物医用材料—高品质钛合金的发展，提高我国拥有自主知识产权国产种植体和配套装备的研发能力，大幅度缩短与国际上品牌牙种植体的差距，为改善人民健康状况和生活质量，为美丽中国、健康中国贡献力量。平台在口腔医用新材料、材料科学等研究领域获得21项国家发明专利，科技成果转化工作取得新进展，服务经济社会发展能力明显提升。以“产出导向”引领人才培养方向，贯穿整个人才培养过程；“基础强化”注重打好学生知识基础，加强学生知识体系的完整性、交叉性和实用性培养；“交叉提升”重在学生创新能力培养和综合实践能力训练，帮助学生完成知识交叉和深化，强化医教协同、产教融合。构建“产出导向+基础强化+交叉提升”的“产学研用”协同融合人才培养新模式。

三、办学特色成果解决的主要问题及效果

面向新技术、新产业、新经济以及区域经济发展与产业技术升级的迫切需求，学校人才培养方面存在理念、人才结构、培养模式等方面不适应社会需求的问题。因此，努力思变、主动求变、探寻行之有效的改革与实施方案，推进“产学研用”协同融合，主要解决人才培养壁垒与瓶颈问题。

(1)解决学校人才培养的思想站位不高、工匠精神缺失，知识、能力、视野过细偏窄，服务服从国家战略大局、区域经济产业布局的意识薄弱等问题。

(2)解决学校学科专业壁垒森，交叉融合、协同创新能力薄弱，传统专业内生驱动力不足，难以适应当前社会经济发展的新需求的问题。

(3)解决学校教育资源、创新实践载体分散，相对独立，学生实践能力培养表面化、碎片化，学生实践能力培养各自为战，难以形成教育资源协同创新的完整链条的问题。

(4)解决学校人才培养缺乏创新思维的引导，让创新思维成为一种习惯和本能，培养学生创新思维的广度与深度，如何在不断变化的新环境中运用创新思维

方式找到解决问题更好的方法问题，从而提高学生的创新实践能力。

(5)解决学校创新能力培养课程体系设置与新技术、新经济对新工科人才需求不相适应，创新创业教育课程体系与专业教育深度融合不完善、交叉渗透不强，难以适应用人单位对新工科人才需求的新变化的问题。

四、办学特色成果实施的路径与方法

（一）实施计划

2021.01—2021.08 口腔医学工程中心数字一体化3D打印生产线和精密切割生产线，"头雁计划"产学研平台完成验收，投入使用。

2021.09—2021.12 引进数字化金属打印生产线、隐形矫治器产品生产线、医疗导航和机器人生产线、金属材料表面处理生产线等关键技术和关键设备，建成"产学研用"协同融合四条生产线平台。

2022.01—2022.07，通过"借船出海"，市场化运作，持续与中国医学科学院北京协和医院、中国科学院金属研究所、暨南大学、哈尔滨工业大学、北京大学口腔医学院等十家口腔及材料研发单位的密切合作。并整合校内医学、工学教育资源，实现信息、设备、管理和服务的共享。

2022.08—2022.12，人才引进与培养，实行人才的动态管理，采取多种灵活有效的方式，如培养、共享、双聘和柔性引进个人和团队的方式，吸引海外相关领域的杰出人才加入平台计划，计划引进5名行业专家。

2023.01—2023.12，协同高校、研究院所进行关键技术研发、理论和机理研究、材料/产品生物学性能测试和分析，通过"产学研用"协同融合平台，进行临床试验、中试和产业化。

（二）实施措施

(1)运用文献资料分析及大规模问卷设计、数据调研等对地方高校"产学研用"现状进行调查与研究，特别是"产学研用"协同融合人才培养模式、保障机制与评价体系存在的问题进行梳理，分析原因并提出解决策略。

(2)项目组按照项目实施计划有序推进，学校负责人通过专题会议推进落实，多部门联动，按照项目分工实施路径研讨，形成可操作、可评价、可衡量，纵向到底、横向到边的项目实施路径与方法，并进行调研总结、探索与实践，并不断加大成果推广运用力度。

(3)研究借鉴国内外关于“产学研用”改革有关理论与实践，将“产学研用”协同与综合改革、专业育人、实践育人、协同育人相融合，在理论研究基础上开展实践研究，注重分析问题、解决问题的同时，采取整体与局部结合、校内与校外结合、宏观与微观结合、定性与定量结合、理论研究与实践探索结合的研究思路，边调研、边实践，边研究、边探索。

(三)制度建设

学校出台了《佳木斯大学关于推进落实产学研合作工作的实施意见》《佳木斯大学科研奖励办法》《佳木斯大学自然科学科研业绩分类分级评价办法(试行)》《关于进一步加强科研管理工作的若干要求》《佳木斯大学横向课题管理办法》《佳木斯大学“双师型”教师建设方案》《佳木斯大学教师能力提升工程实施意见》《佳木斯大学支持教师到行业企业实践锻炼的管理办法》等制度，激励科技创新与成果转化、双师型人才队伍建设。

五、办学特色成果推广范围、效果及应用价值

本项目从深化高校“产学研用”改革的体制机制研究以及创新人才培养与实践体系的视角，对地方高校“产学研用”的人才培养进行了研究与构建，可将该模式在本校创新人才培养中运用，同时对于其他院校“产学研用”协同融合才培养具有很强的推广应用价值。

口腔生物医学材料及临床应用“产学研用”协同融合育人模式，为我校在“三机一缆”(电机、煤机、农机和电缆)、新型智库、赫哲族传统文化、农业科技成果转化、耐磨材料、药物研发、寒地浆果、新电商培训、工程实践创新、科技企业孵化、技术技术转让示范、中小企业创新创业等方面提供借鉴与参考。

本项目的实施将为地方高校“产学研用”人才培养模式提供第一手资料，以利于理论的更新。本项目成果将为学校“产学研用”人才培养模式实践与应用提供一定的智力支持；建立大学生“产出导向 + 基础强化 + 交叉提升”的“产学研用”人才培养新模式，能够为地方高校拓展“产学研用”教育视域，推动学界对该问题的深入关注，并能完善改进学校教学质量工程建设，具有一定的学术价值、应用价值。

六、办学特色成果取得成效及获得的奖项

近年来，学校与行业企业深入合作开展科技研发应用，科研项目、发明专利

成果丰富。在美国 CRC Press 出版社出版 *Bio nano technology*：*Global Prospects* 撰写"纳米植入钛合金"章节(第五章)，为欧洲 In Tech 出版社撰写"Ti2448 低模量医用钛合金的发展和应用"章节(第十章)，共出版学术著作 10 部，Ti2448(Ti－24Nb－4Zr－8Sn)合金接骨板和脊柱内固定等骨科植入器械已完成临床试验，正在进行产品注册申请。主持国家重点研发项目、国家科技部 973 项目 2 项、863 计划项目 1 项、国家自然科学基金重点项目 10 余项。SCI 收录论文 150 余篇。主编和参编行业技术手册 4 部，主持制修订国家技术标准 10 项，获国家教学成果二等奖 1 项，国家科技进步二等奖 1 项，发明专利授权 21 项。主持省级以上教育教学改革研究项目 17 项，省级高等教育教学成果二等奖 4 项。

第三节　典型创新创业教育的校内实践平台建设

一、大学生科技创新中心

大学生科技创新中心创立佳木斯大学创新创意科技企业孵化器有限公司(以下简称佳大科技园)依托佳木斯大学第三学区作为创业基地，占地总面积为 6.5 万平方米，建筑面积 2.2 万平方米，固定资产价值 3000 万元。佳木斯大学投入 500 万元、省科技厅投入 260 万元、前进区政府投入 40 多万元及佳南农场的 18 亩耕地，保证了园区的基础设施建设。科技园目前入驻科技企业 65 家，被省科技厅和省工信委授予"黑龙江省科技企业孵化器""黑龙江省技术转移示范机构""黑龙江省小型微型企业创业创新基地"称号。

科技园产业特色：科技园根据大学专业特色，梳理校内科研项目与成果，围绕现代农业、生物医药、电子商务等作为主要发展方向，形成现代农业种植、引种技术、生物技术、医学制药、现代农业装备、电气自动化、生物质应用、电子商务等产业集群。

科技园创业模式：大学生创业模式(18 家)。如沐禾生物科技、凛香农业科技等。校内科研人员创业模式(20 家)。如黑金文化、佳电自研自动化科技等。社会人员创业模式(27 家)。如佳大拓华干细胞、江洋农业科技等。

科技园服务定位：服务教师。利用科技园平台将学校的科研成果进行转化，将企业需求与教师的科研对接，引导教师的科研方向具有实际应用价值。服务大学生创新创业工作。为优秀的大学生创新创业项目提供支持和帮助。服务地方。将学校科研资源利用科技园平台，向社会企业提供服务。结合地域农业特色，依托科技园现代农业产业技术战略联盟，为广大农户、合作社、农资企业提供科学技术、金融担保、农用物资等服务。

科技园发展远景：搭建“四个平台、一个空间”。四个平台：(1)现代农业平台。围绕农业种植和绿色农业的主题，筹备组建园区内农业产业联盟。(2)生物医药研发平台。依托基础医学、康复医学、药学等学科优势，加快干细胞产品、智能化康复医疗器械、植物药用价值研究。(3)生物质综合利用技术平台。围绕生物质能源化、肥料化和基料化开展研究，成立佳木斯地区生物质产业技术创新联盟。(4)文化艺术产业平台。发挥佳大学厚重的文化艺术底蕴，将赫哲族传统文化艺术与现代科技进行有机结合，提升赫哲族精品文化。一个空间：众创空间。为有兴趣爱好的学生提供工具、材料、专业知识的工作室，供学生动手施展创意，努力把各种创意转变为现实产品。

二、工程训练中心(3 号工场)

通过通盘整合全校工程实践教学有效资源，打破学科、学院、专业资源、人员壁垒，避免重复投入、多头管理、九龙治水。形成我校工程实践教学合力，打造佳大工程教育优势。建构以工程技能训练为基础，以创新服务社会需求为导向，以培养具有创新意识、创新能力、良好实践技能的高素质应用型人才为目标，建立具有工程文化展示、工程技能训练、创新创业实践的横向扩展纵向贯通，多学科交叉融合，具有综合性大学特色的三位一体平台。

1.人才培养目标

建构以工程技能训练为基础，以创新服务社会需求为导向，注重以各学科交叉融合的横向拓展，和以专业教育、创新创业教育、创业及就业能力提升的纵向贯通，形成横纵融汇的合力和体系。注重资源统筹、管理集约；注重工匠精神培养；注重新兴产业发展；注重打通从专业到创新、从创新到创业就业的通道。努力培养具有工匠精神、创新精神和实践技能，同时具有佳大特色的高素质应用型人才

2.做好三个面向

其一，面向教学科研服务：保障设备正常运转、保障教学、保障科研、保障原有需求、为师生提供更多服务。其二，面向创新创业服务：为创新创业教育、教学、交流、活动、竞赛、项目等提供服务。其三，面向社会需求服务：根据学校要求逐步开放大型仪器设备共享、帮助企业申领科技创新券、为研学、游学、劳动教育提供服务，为工程训练中心创造增量。

3.做好三个融合

其一，专创融合：在实践上引领教师和学生实现从专业教育（学习）到专业创新。其二，医工融合：在科研和学校特色发展上做好医工融合。其三，产教融合：在创新创业、服务地方经济和产业发展上做好产教融合。

4.做好四个支撑

其一，课程思政：融合北大荒开发历史、工程文化、成果展示、创新创意、艺术鉴赏等元素，实现了实训与育人的统一。其二，职业技能：利用设备整合资源，开发新的培训项目，为职业技能培训提供支撑。其三，第二课堂：为学生开展第二课堂活动提供支撑。劳动教育：为开展劳动教育提供支撑。

5.实现四个目标

其一，开放：时间、空间。其二，共享：人、设备。其三，自主：学生、老师。其四，云端：设备管理、教学管理、资金管理。

三、制药工程中心

依托药物合成、中药提取以及药物制剂等多个学科基础和研发平台，围绕现代制药产业革新的目标，开展自主创新，突破关键技术，实现制药工艺和产业的绿色化，提升本中心服务制药产业的整体能力，努力把制药工程中心打造成产、学、研“三位一体”的实验实训基地。

1.平台建设现状

制药工程中心始建于 2003 年，包括药物合成、中药提取及药物制剂三个车间。多年来，在学校党委正确领导下，实行专人管理、专人负责，承担制药工程、化学工程与工艺、药学、药物分析等 4 个专业学生的生产实习任务，是学生实践环节的重要校内实习实训基地之一，也是洛神饮料的研发地，对加深学生对制药企业仪器设备的认识、了解，实际操作中试车间的大型仪器设备，培养学生深入探索和积极进取的创新创业精神，推动科研开发、学科建设等工作发挥了重要的作用。

2.平台建设瓶颈

当前，大学生就业难与社会需求的技能型人才短缺的矛盾，一针见血地反映出大学教育的痛点。学生的动手能力不强，在学校所学与企业生产实际联系不够紧密，学生对企业生产所用的仪器设备缺少实操的经验。随着学生招生数量的增加，特别是由于制药企业 GMP 规范的要求，学生进入企业实习多为走马观花式，进入车间内实操更是非常困难。而目前制药工程中心自身也存在一定的问题:合成车间所用设备存在腐蚀情况;中药提取车间所用的提取设备检存在一定的安全隐患,需要更新换代;固体制剂车间的压片机,因使用年限过长、故障率高,与目前行业生产存在差距,在生产实习中发挥不够理想;工程中心实现科技创新、承接社会服务的功能还没能完全发挥出来等等,这些同样亟须解决。

3.产学研“三位一体化”

一是服务于制药工程、化学工程与工艺、药学等专业学生的现场教学及生产实习。二是服务于全校科研人员对中药或天然药物提取、药物中间体、化工产品的生产工艺开发,为实现科研成果转化奠定基础。三是以横向课题为抓手,组织生产利润率较高的中药或天然药物提取物、医药中间体或化工产品,服务于企业,实现成果转化。

4.平台建设举措

基于以上定位,中心将以本科教学为核心,合理利用实验教学资源,不断提高实验平台服务和管理水平,促进教学、科研、产出工作的协调发展。对实验平台建设提出以下改革思路:

优化人员配置,明确管理责任。由制药工程中心主任负责中心的运行管理工作,以原料药合成、中药提取、药物制剂三个单元操作为基础,实行单元操作分别负责制,专任教师负责实训、生产指导,实验教师负责设备维护。

开设企业课堂,邀请企业工程师现场教学。以解决实际工程问题为手段,以企业需求为目标,培养创新能力强、适应经济社会发展的高质量制药工程技术人才,为创业者提供学习提升的平台、创造交流合作的机会。

发挥综合大学优势,整合多平台资源。最大限度地在科研人员和制药企业家之间建立信任,从研发到量产的过程中,促进双方的协同合作。除学生生产实习、课程实习、专业见习外,其余时间可向全校教职员工及学生开放。

建立激励机制,激发可持续发展活力。促进科技成果高效产出。制订详细的管理实施细则,以客户需求为核心,为满足行业对制药工艺、药品质量、生产效率、环保要求、成本控制等各方面的需求,开展技术攻关和自主创新,鼓励教职员工生产创收,以产出反哺仪器设备更新和进一步建设,实现实训平台的可持续发展。

四、政校企新电商人才培养基地

2020 年 9 月 25 日,我校与佳木斯市政府签约共建政校企新电商人才培养基地。市人力资源和社会保障局、市就业创业服务中心,我校创新创业学院,黑龙江省东北民营经济研究院共同签订三方协议。三方共建佳木斯政校企新电商人才培养基地(融流量电商、社交电商、电商运营团队和相关配套团队),旨在通过将“互联网 +”思维、新电商创新发展等理念内容方法融入各类职能提升和创业培训中和提供流量资源,培养一批具有本地特色的直播和短视频等融媒体人才,将资源优势转化为产业优势,更好地促进区域经济的高质量发展,并通过以快手为主的互联网平台推进创业就业。同时通过建立职业技能培训、创新创业培训和人才培养的新模式、新规范,使基地成为黑龙江省东部地区新电商产业人才集群、佳木斯市经济发展的动力引擎。合作将发挥政校企合作的机制优势,共建新电商创业人才培养和企业线上新经济业态就业能力的培训体系,为佳木斯市及我省东部地区发展直播电商产业提供积极的人才储备,助力新业态新经济新产业发展和区域经济高质量发展,同时也将使我校人学生创业就业再上一个新台阶。

五、创新创业名师工作室

建立长效赛事管理机制,促进赛事蓬勃发展。按照《佳木斯大学校级以上竞赛管理办法(试行)》文件,对竞赛进行统筹规划管理,加强顶层设计,赛训结合,统筹规划,整合资源,形成合力。完善社团的管理,加强网站与微信平台与建设。健全社团管理制度,职责清晰,分工明确,强化思想政治导向。开展社团整合工作,完成了创业联盟、科创协会、KAB 俱乐部社团组织换届工作,指导社团开展创新创业活动和赛事,稳步推进工作。坚持党管媒体原则,健全网站、微信平台信息内容更新审核的保障机制,及时排查媒体平台存在的安全隐患,实现规范化、常态化、信息化管理。建立双创名师工作室,形成双创人才培养新模式。深入开展调研工作,完成学生问卷调查及教师座谈会,召开专题研讨会,制定创新创业名师工作室管理办法。突出专业特色,突出学院特色,突出交叉融合,鼓励跨专业跨院系合作。构建课堂教学、科技创新、实验实训、课外活动、项目遴选、竞赛指导、实践孵化,一体化、专业化、流程化的教育教学实践载体。

第四节　创新创业教育的校本实践与探索

新工科背景下,学校夯实教育载体,拓宽实践平台,多措并举促进学生创新创业创优,为进一步推进教学改革,完善大学生创新创业教育体系,不断提高教育教学质量,佳木斯大学始终扎实开展大学生创新创业教育工作,通过多种措施营造了浓厚的创新创业氛围。

一、明确工作思路，健全工作运行机制

学校把提高教育质量作为创新创业教育改革的出发点和落脚点，根据学校人才培养定位和创新创业教育目标要求，促进专业教育与创新创业教育有机融合，将“创造、创新、创业”的“三创”教育理念融入人才培养全过程，实行全员教育、分层指导。深化学校创新创业教育改革，把创新创业教育列入教学综合改革和学校“十三五”规划。改革人才培养模式，建立融通识教育、专业教育与创新创业教育一体化的人才培养体系。注重培养学生的创新精神、创业意识和创新创业能力。

学校制定《佳木斯大学学生科技创新活动管理条例（试行）》《佳木斯大学关于教学管理改革的实施意见》（佳大校发〔2012〕21 号）《关于启动 2012 年度佳木斯大学大学生创新创业训练计划项目的通知》（佳大校发〔2012〕22 号）《“大学生创新创业训练计划”管理办法》（佳大校发〔2012〕62 号）《佳木斯大学校长创新创业基金管理办法》（佳大校发〔2013〕45 号）和《佳木斯大学促进大学生创新创业教育工作实施方案》（佳大校发〔2015〕39 号）等推进学校创新创业工作的制度和办法。

学校成立由校长任组长、分管校领导任副组长、有关部门负责人组成的大学生创新创业教育工作领导小组，负责领导创新创业工作，教务处负责大学生创新创业工作的日常管理。建立由教务处牵头，团委、招生就业处、科技处、学生工作部、研究生部、各学院齐抓共管的创新创业教育工作机构。建立创新创业教育工作监督、检查体系，定期开展专项督导，将创新创业教育工作落到实处。各学院重视对教师进行创新创业意识培训，为学生的创新创业项目提供场地、资金、技术支持，并对创新创业项目的实施情况进行督促、指导。

二、优化师资结构，完善资金支持体系

学校按照以专任为主、专兼结合原则，通过“专业和非专业相结合”“工作和业余时间相结合”“校内校外相结合”的方式，对专任教师、兼职班主任、辅导员进行培训，要求教师将创新精神和创业意识融入课堂中。支持教师将基于创新的科技成果转化为创业项目，并鼓励带领学生创新创业。建立创新创业兼职导师库，聘请创业成功者、企业家、风险投资人等各行各业优秀人才，担任专业课、创新创业课授课教师或指导教师。举办首期 KAB 创业教育（中国）项目师资培训

班，通过选拔我校35名专、兼职教师参加了本次培训。并经考核全部合格，取得KAB创业教育（中国）项目办颁发的《KAB创业教育（中国）项目讲师结业证书》，成为我校首批KAB创业教育培训师。举办"青年创业成长教练"培训班，我校学生创业导师团、创业项目指导教师及部分管理干部60余人参加培训；《大学生创新创业导论》课程培训，我校参加培训教师5人；第二届"建行杯"黑龙江省"互联网+"大学生创新创业大赛培训会，我校参加培训教师5人。

学校每年拿出100万元，其中50万元作为大学生创新创业训练项目的配套经费；50万元作为校长创新创业项目基金，用于鼓励取得初创成果的大学生或创业团队。对具有转化前景的创业项目，学校要积极联系社会资金、天使基金、风投企业以及众筹等方式为其提供资金支持，促使其转化成功。建立教师奖励制度，学校对大学生创新创业训练计划项目指导教师团队工作量予以认定并计入档案。国家、省、校级项目在结题验收后，可凭结题验收书对所在学期补认工作量，分别为50、40、30教分。

三、改革教育方法，加强课程体系建设

学校将层级式创新创业教育课程体系纳入专业培养方案：一是面向全体学生开展创新创业通识教育，开设《就业指导》《职业生涯规划》《大学生创业基础》三门创新创业通识课程，共3.5学分。按2016版培养方案规定，将《大学生创业基础》变更为《大学生创新创业导论》，面向全校大二学生开设，共36学时。创新创业类通识课程总学分为4.0学分。二是针对部分有创新创业兴趣的学生开展实训教育，开展SYB创业培训；各学院、各专业开设与专业相关的创新创业类课程，开出慕课、视频公开课。三是针对高年级有创新创业意愿的学生，帮助对其已形成的项目进行培育、孵化，促进成果转化。从而形成"通识培养-专业培养-实践培养"层层深入的创新创业教育课程体系，有效提高人才培养质量。

按照本科生培养方案的规定，学校建立创新创业活动积累与学分转换制度，将学生参与项目研究获创新创业相关奖励等活动认定为实践类课程学分。学生需修满理论课程和实践性教学环节的学分以外，在校期间还须获得第二课堂不少于6.0学分方能毕业，其中创新创业研究活动作为基础学分，不得少于2.0学分。

我校积极推进学籍管理等配套制度改革，放宽创业学生修业年限，允许调整学业进程，对于创业的学生经学校评估后可保留学籍八年休学创业。对于有特殊兴趣和爱好的学生，如果参加其他专业的大学生创新创业训练计划项目、发表

专业论文或其他可证明的成果，经教务处审核，可优先转入相关专业学习。因各种原因受到学校相关纪律处分而不能取得学位的学生，如在校期间获得省级以上1项或校级3项以上大学生创新创业训练项目，并通过成果鉴定，经本人申请，相关部门批准，可在毕业时申请学士学位。

四、搭建实践平台，推进创新创业发展

学校积极搭建实践平台，将创新创业教育与科研相结合，鼓励教师将科研项目融入创新创业教育工作中，多渠道培养学生创新意识和创造能力，鼓励组建团队，积极参与各类竞赛，努力提升学校的创新创业质量，将整个学校的创新创业教学工作推向新高度。

1.以项目建设为平台

学校注重创新创业项目建设，以高质量项目推动创新创业教育工作的整体提升。大学生创新创业教育工作领导小组从全局层面指导学校创新创业教育项目建设工作。学校从校领导的决策层到各职能部处和基层学院，由教师到学生，形成了创新为优、创业为先的大风气。各学院加强宣传，使每一位教师和学生了解科技创新项目、大学生创新创业训练计划项目和校长创新创业基金项目，各级创新创业项目的申报数量逐年上升。形成由上至下，层层分管，有效联动。基层学院在师生共建的基础上，开展了以教育教学为主体，以创新创业和科学研究为两翼的发展新模式。学校面向学生单独设立科技立项，推进校级科技创新活动，以项目建设形式促进创新创业能力培养。2016年我校大学生科技创新项目共获批138项。在2016年省级大学生创新创业训练计划项目申请通知下达之前，学校于2015年寒假前部署申报计划，以便教师和学生有充足的时间进行大学生创新创业训练项目准备。对于评审产生的优秀项目，校长亲自组织专家进行论证，提出意见和建议，对项目进行有针对性的完善，克服了项目没有指导教师和专家指导的自然生长现象。2016年申报项目187项，较去年提高29.2%，申报数量、质量明显提高。省级项目（包括国家级项目）由60项增加到120项，其中省级重点项目27项，已推荐申报国家级项目。参与学生人数近800人。对于我校特色的校长创新创业基金项目，学校聘请专家对项目定期召开创业项目“会诊”答辩会，为创业项目运营思路、经营模式“把脉诊病”，提升了学生创新创业活动层次，形成了抓广、抓早、抓深的局面。

2.以科技竞赛、创新创业大赛为平台

学校开展各类创新创业及技能竞赛，2004 年至今，我校成功举办六届大学生科技创新大赛和三届佳木斯大学学生创业大赛，共有 3000 余件作品参加比赛，500 余件作品获得校级奖励。学校还举办了佳木斯大学机器人大赛、佳木斯大学网络虚拟运营竞赛、佳木斯大学机械创新设计大赛及“挑战杯”大学生创业计划选拔赛等，自 2013 年起学校每年组织开展“每月一赛”活动，竞赛内容包括基础知识、专业知识、实践技能等，通过举办各类赛事极大鼓舞了学生参与创新创业活动的积极性。同时，学校鼓励师生积极参与校外各级各类创新创业竞赛，在全国大学生数学建模大赛、全国大学生电子设计竞赛、全国大学生金相技能大赛、全国大学生西门子杯工业自动化挑战赛、全国大学生机械创新设计大赛、“创青春”创业大赛、“挑战杯”课外学术科技作品竞赛、“TRIZ 杯”创新方法大赛、绿色食品青年电商销售大赛、“邮储银行杯”全国大学生网络商务创新应用大赛等赛事中，取得优异成绩。通过参加高水平竞赛，提高我校师生创新创业能力第二届黑龙江省“互联网 +”大学生创新创业大赛，我校 24 个团队参加，通过校赛推荐 6 个项目参加省赛，其中初创组 1 项、创意组 5 项。

3.以创新创业活动为平台

学校依托校内外实训基地，开展丰富多彩的创新创业活动，培养学生的创业兴趣、实现创新引领创业、创业带动就业。邀请具有创业成功经验的校友举办经验分享交流会，支持在校生成立创新创业协会、创新创业沙龙、创客空间、创业俱乐部，鼓励学生开展创新实验、发表论文、获得专利和自主创业等。利用晨星讲坛邀请省内知名专家及校内专家举办学术科技讲座、就业创业讲座百余次。举办了两期毕业生 SYB 创业培训，共 5858 名毕业生参加培训，5565 名学生获得培训合格证。2015 年我校开展了首届“创业明星”评选活动，闫强强等 9 名学生被评选为佳木斯大学首届“创业明星”。今年 7 月，我校组织多场学生创业企业经验交流会，邀请我校优秀创业企业代表和部分学生参赛创业团队参加。交流会上部分优秀创业企业代表向现场的创业大学生们分享自己的创业经验。佳木斯大地文化传媒有限公司总经理孙长龙介绍了自己的创业经历：他表示，如今的青年创业环境好得多，学校对于学生创业的支持力度很大，在学校里面他们能够获取到较多的资源，通过交流学习，让他们对于创业的思维更加广阔和全面。

2015 年 9 月学校举办首届主题为“创新推动时代进步，创客实现精彩人生”

的创客活动周。活动期间开展了业绩成果展示、大学生科技创新先锋营、创新创业系列讲座、创客实践基地签约、创业明星报告会等一系列活动。邀请我校2006届经济管理学院毕业生、黑龙江省“十佳创业明星”黄靓海先生做客创客周,并做《立志照亮人生、创业改变未来》的专题讲座;先后举办了两场“创业明星”先进事迹报告会,共有400多名学生参加报告会,我校首届“创业明星”孙长龙、陈安喆、闫强强、晏琪分别讲述了自己的创业故事。在我校创客周活动期间,学校通过多渠道宣传鼓励大学生积极投身到创新创业活动,参与学生达8000多人次。学校全体校领导到场参加了此次活动,体现了创新创业教育在我校的重要地位。通过开展大学生创新创业系列活动,展现我校学生在创新创业领域的风采,激发了学生创新创业的热情。同时学校选派师生代表参加黑龙江省首届创客周启动仪式暨“互联网+”大赛颁奖典礼、全国大学生创新创业交流年会,开拓师生的视野,学习借鉴了其他高校的创新创业经验,为进一步提升我校的创新创业教育工作打开了良好的开端。

4.以创新创业团队建设为平台

为培养和提升学生的创新意识、实践能力和团队精神,学校鼓励和支持在校学生积极参与科学研究、技术开发和创业实践,以学生兴趣为纽带、以教师研究项目为依托,组建创新创业团队。鼓励跨院系、跨年级、跨专业组建团队。目前学校有58个团队入驻学校创业基地,136个团队700多名大学生从事自主创业活动,其中23个团队入驻佳木斯市大学生创业社区。

5.以创新创业基地为平台

以“佳木斯市大学生就业创业创新服务中心”、佳木斯大学科技企业孵化器为依托,为大学生提供免费的生产经营场所、设备及技术,继续引进、孵化学生创业项目。学校教学资源向在校学生开放,充分利用各种资源建设好校外实践教学基地、KAB创业教育基地、科技创新基地、创业俱乐部,构建创新创业教育实践平台,为扶持校长创新创业基金项目落地孵化,根据项目需求,整合全校资源,共为基金项目提供664平方米经营及办公场地。学校与工商银行黑龙江分行分别建立“大学生实习基地”与“产品创新创意实践基地”,标志着我校校企联合推动大学生科技创新创业工作正式启动。

学校积极推进“互联网+农业”示范基地建设,已经完成对富锦金玛农业有限公司、金海大地生态农业科技有限公司、饶河中顺农业有限公司三家示范基地的调研工作。与企业拟合作建设电子商务平台、产品营销平台项目。与示范基地的合作工作还在探索中,既有合作的前景,也需要有明确的政策和资金的支持,以便提高合作的效率和成功率。

五、加大扶持建设,打造学校特色亮点

1.校长创新创业基金

佳木斯大学校长创新创业基金项目是学校开展大学生创新创业的特色项目,是学校众创空间的实训平台,是培养学生创新精神、创业能力和创造意识的有效途径,是对大学生课堂教学的有力补充。学校整合了现有资源,为资助项目提供了配套设施和资金支持,扶持其研发运营。学校实现"经营成本零风险""宣传指导一站式""以研促产双受益"的"012 工作模式"。

校长创新创业基金项目自 2013 年 11 月正式启动以来,已经开展三次申报审批工作,共获批项目 167 项,其中创业项目 58 项、研发项目 64 项、人文社会科学创新项目 21 项,校园金点子 24 项。研发项目中基础类研究 31 项,应用型研究 33 项。创业项目涉及农林相关产业的有 2 项,生物医药的有 2 项,信息技术和电子商务的有 9 项,文化创意组和服务咨询的有 45 项,其中沐禾生物科技有限公司和乐飞康复医疗器具为研发项目转为创业的项目。2016 年,第三批校长创新创业基金项目获批项目 103 个,资助项目资金 43.35 万元。

2.佳木斯市佳木斯大学创新创意科技企业孵化器有限责任公司(简称:科技企业孵化器)

科技企业孵化器于 2015 年 6 月正式注册成立,坐落于佳木斯大学第三学区(中山街 535 号),建设面积 1 万平方米,固定资产总额约 3000 万元。科技企业孵化器以佳木斯大学为依托,与佳木斯市政府、佳木斯市科技局、前进区政府联合共同建设。

佳木斯大学是一所多学科的综合性大学,结合学校多学科特色及佳木斯地域特点,孵化器以现代农业为主题,对孵化器进行了分区规划,设立了现代农业专区(新品种引种、种植等)、现代农业机械专区(农业装备、生物质利用装备、新材料)、电气自动化专区、电子商务专区、生物医药专区、文化传媒专区、大学生创新创业专区。

佳木斯大学科技企业孵化器以立足本校、服务三江为宗旨,在孵化器准备筹划工作进行的同时,针对校内的教师、科研人员和有创业意向的大学进行宣传推介,成立导师、辅导员和联系员队伍,对有意向创业的教师和学生进行引导、培训。在校内宣传的同时,在市政府、市科技局、市前进区政府多方帮助下,在市科技局网站登录了招商通知,面向佳木斯市进行宣传。通过共同努力一期入驻企

业25家。目前,园区内入驻企业达到32家,其中引入高新技术企业1家,本校教师创办的企业10家,大学生创办的企业12家。

在孵化器共建单位前进区政府的大力支持下,2016年1月在佳南农场取得了21亩农田的使用权,成立了佳木斯大学科技园现代农业示范基地,为相关领域的创业大学生、教师等人员提供了创业条件。

3.创新创业实践学期

为了鼓励学科交叉融合、跨院系、跨专业联合的学生实施创新创业项目,有利于学生和指导教师集中时间完成实验,进行面对面指导,强化实践教学,提高学生创新能力。2013年学校在教学上进行结构调整,从传统的两学期制改为三学期制。专门设置夏季学期为学生创新创业实践学期,开展各类社会实践活动。1个月的夏季学期,专业教师针对本专业学生的创新创业类实践培训、外请专家进行创新创业知识的讲座、创业实践类项目去校内外实践基地实施等。

4.多平台促进跨专业团队建设

学校以科学研究项目、创新创业项目、校长创新创业基金项目为基础,以政策支持、资金投入为保障,以赛促建,搭建多平台鼓励学生成立跨学科的课题项目组设计并实践创意,将科研成果推向商业应用。在这个过程中,促进了和各学科专业间的融合,增加了学校内部学院与学院、教师与学生的的交流与合作,大大提升了专业团队的建设水平与师资力量。

近三年校长创新创业基金项目,学校有20个学院70个专业的学生参与申报620项,其中跨学科申报125项,2015年由基金项目扶植的基础医学院、机械工程学院、信息电子技术学院师生合作完成的《家用智能化药箱》获第三届全国"TRIZ"杯大学生创新方法大赛发明制作类一等奖。

近五年大学生创新创业计划训练项目451项,其中2012年省级项目29项;2013年省级重点项目21项,省级项目38项;2014年国家级16项,省级项目41项;2015年国家级18项,省级项目42项;2016年省级项目120项,其中省级重点项目27项推荐申报国家级立项。国家级项目由无到有,逐年增加,包涵了哲学、经济学、教育学、文学、理学、工学、农学、医学等学科门类。由此可见,跨学科组合式实训平台的建设,切实发挥了综合性大学优势。

六、重质重量，工作成效显著

（一）创新创业项目

1.大学生创新创业训练计划

项目学校自 2012 年获得实施省大学生创新创业训练计划项目的高校以来，目前已经获得国家级大创训练项目 55 项，省级 276 项，评选出校级 150 项。学生形成各类成果 291 项，包括公开文献综述 18 篇、调查报告 35 篇、研究论文 183 篇、软件系统 16 套、设计 32 项、硬件研制 13 项、专利成果 38 项、心得体会 25 篇、创业计划书 2 份、模型 7 套、获奖成果 1 项、获奖证书 6 份、查新报告 2 份、总结报告 3 份、实验报告 2 份，其他成果 52 项。

2.校长创新创业基金项目

经过这几年的发展建设，佳木斯大学校长创新创业基金项目已帮助近千名有志青年开启了创新创业梦想。创业项目学生毕业或项目出现亏损由学校负责开展项目校内转让，学生不承担任何风险，项目盈利学生会向学校捐赠。首批校长创业项目已向学校捐赠了资金，筑梦信息咨询有限公司捐赠 10000 元，佳大助手新媒体公司捐赠 5000 元，佳木斯艾赛特电子科技有限公司捐赠 2000 元，美忆文化用品设计制作有限公司捐赠 1500 元 4 家公司共计捐赠 18500 元；第一、二批校长创新创业基金创业项目中的 18 家公司二次捐赠共计向学校捐赠 83700 元，截至 2016 年 5 月校长创新创业基金创业项目共返款 102200 元。

3.大学生科技创新项目

大学生科技创新项目涵盖理工、医药、人文社会科学共三大类，2016 年获批理工类科技创新项目 59 项；生物医药类科技创新项目 30 项；人文社会科学类（含管理、音体美专业）科技创新项目 49 项。

（二）创新创业竞赛

近年来学校学生参与创新创业的热情高涨，在各级各类大赛中频频获奖。如“蓝桥杯”全国软件大赛、全国大学生“用友新道杯”沙盘模拟大赛、全国机械创新设计大赛、“创青春”黑龙江省大学生创业大赛等都取得了优异的成绩。第五届全国大学生金相技能大赛我校三名选手分别获得一、二、三等奖，同时获团体二等奖和优秀指导教师奖；全国大学生西门子杯工业自动化挑战赛，获全国总决赛三等奖、东北赛区特等奖各 1 项；第八届全国大学生创新创业年会，我校获得优秀学术论文 1 项,2 个创业训练项目入选省邀请推介项目展示;“邮储银行杯”第八届全国大学生网络商务创新应用大赛,我校创业实践项目取得的成果获得国家级特等奖;第十四届“挑战杯”大学生课外学术科技作品竞赛中,学校获国家级三等奖 1 项;省级获奖 12 项,其中一等奖 1 项;第四届全国“TRIZ”杯大学生创新方法大赛,我校获二等奖 3 项、三等奖 10 项,李小海老师获“优秀指导教师”奖;“第四届全国大学生基础医学创新论坛暨实验设计大赛”,我校参赛选手取得历次参赛最好成绩,获奖 6 项,喜获一等奖 1 项;“工商银行杯”全国大学生金融创意设计大赛,我校学生共申报作品 491 项,我校《工银 e 存在》项目获得黑龙江省首届互联网金融创意大赛优秀作品奖;第六届全国大学生电子商务“三创赛”黑龙江赛区选拔赛,我校共 7 支团队参赛,其中“黑茶跨境电商网络营销创业实践”项目获得特等奖参加全国总决赛;首届康复医学创新创业大赛海选赛,我校的“多功能可调重服的设计与临床应用”项目获得票选第一的好成绩,荣登全国十强;省首届“互联网 +”大学生创新创业大赛暨全国大赛选拔赛,获得一等奖 1 项,三等奖 4 项;第一届黑龙江省大学生光电设计竞赛,获得一等奖 1 项。

(三)创新创业人才

学校创新创业工作中涌现许多创新创业典型、“创业明星”、科技创新标兵。博恒广告有限公司董事长黄靓海,我校优秀毕业生,2007 年开始创业,8 年的时间,将公司发展成为具有营销策划、广告传媒、投资管理等多种经营功能,下设文化传媒、创业茶馆和创客咖啡等多个公司的文化传媒集团。2015 年 8 月,创业茶馆迎来了团中央第一书记秦宜智书记,秦书记给予高度肯定和认可。2015 年 7 月承办由团市委主办的佳木斯创业创新大赛获得了成功。2015 年 10 月,与佳木斯市就业局合作,联手打造近 6000 平方米的佳木斯大学生(青年)创业社区,目前平台内重点孵化的项目有 11 个,对接融资 300 多万,促成大小项目合作 20 多个,为青年创业者,尤其为有创意意识和创业精神的大学生提供免费培训 80 多场,听过培训的人数近 7000 人次。2016 年 3 月原黑龙江省常委、宣传部长张效廉亲临创业社区及创客咖啡,与创客们进行了亲切交流,从创业社区成立不到半年的时间里,原佳木斯市委书记王爱文、市委副书记、市长林宽海先后来到创业社区及创客咖啡调研指导工作,并给予高度评价。此外,还有创业明星——佳木斯大地文化传媒有限公司总经理孙长龙、筑梦信息咨询有限公司总经理陈安喆、“十佳科技创新标兵”李若男等一大批优秀创业优秀典型,为我校广大学生在创新创业领域起到示范引领作用。

佳木斯大学的创新创业工作虽然取得了一定的成效，但仍存在不足，有待提高。我校大学生创新创业训练计划项目整体水平有待加强，今后应进一步提高项目层次、增加项目数量、扩大项目参与面；师资在数量上、质量上还不能完全满足创业教育的需求，继续加强教师创新创业培训力度。希望通过我们不断努力，使我校争取在创新创业教育工作中取得更加优异的成绩！

参考文献

[1]钟登华. 服务国家战略需求 提供一流创新支撑[J]. 中国高等教育,2018(12):15-17.

[2]吴岩. 新工科:高等工程教育的未来——对高等教育未来的战略思考[J]. 高等工程教育研究,2018(6):1-3.

[3]李春江,马晓君,王欣欣. 地方高校新工科建设的路径与方法探索[J]. 创新创业理论研究与实践,2021,4(4):139-141+144.

[4]李春江,马晓君,潘宏伟等. 地方高校农业电气化专业新工科实践探索[J]. 创新创业理论研究与实践,2021,4(3):109-111.

[5]张兴福,马晓君,李春江等. 教学方法改革推进地方综合性大学创新创业——以佳木斯大学为例[J]. 科技创业月刊,2017,30(23):67-69.

[6]邵德福,李春江,马晓君. 地方高校新工科人才创新创业能力培养模式研究[J]. 科技创业月刊,2017,30(19):62-64.

[7]张兴福,马晓君,李春江等. 基于创新能力培养的第二课堂育人体系构建[J]. 科技创业月刊,2017,30(18):48-50.

[8]马晓君,张则,刘德胜等. 构建第二课堂育人体系,培养学生的实践能力[J]. 经济师,2017,(8):252-253.

[9]马晓君,张则,潘宏伟,魏天路,李春江. "双一流"建设背景下地方性综合大学工科大学生卓越人才培养模式——以佳木斯大学为例[J]. 科技创业月刊,2017,30(14):57-59.

[10]马晓君,李春江,张则等. 工科大学生创新创业教育的发展现状与启示[J]. 科技创业月刊,2017,30(13):57-58.

[11]马晓君,李春江,张则等. 工科大学生实践能力培养的实施策略[J]. 经济师,2017,(7):221-222.

[12]马晓君,李春江,张则等. 地方性综合大学"五位一体"创新创业模式构建[J]. 经济师,2017,(6):206-207.

[13]马晓君,李春江,潘宏伟等. 地方性综合大学工科大学生创新能力培养模式

研究[J]. 科技创业月刊,2017,30(10):24 - 26.

[14]马晓君,李春江,张则等. 地方性综合大学工科创新创业教育课程体系平台的构建——以佳木斯大学为例[J]. 科技创业月刊,2017,30(9):74 - 76.

[15]马晓君,张则. 高等工程教育资源整合机制及配置模式[J]. 科技创业月刊,2016(3):72 - 73 + 86.

[16]张则,苏贵章,李春江等. 大学生创新性实验计划实施策略[J]. 中国科技信息,2015,(Z2):147 - 148.

[17]马晓君,苏贵章,李春江等. 基于专业认证体系的高等工程教育资源整合[J]. 中国科技信息,2015,(8):143 - 144.

[18]马晓君,苏贵章,李春江等. 基于大学生创新性实验开展创新创业教育的研究[J]. 中国电力教育,2014,(30):71 - 72.

[19]马晓君,张则,李春江等. 新工科人才思想引领与创新创业课程体系构建与实施路径[J]. 教书育人(高教论坛),2020,(3):74 - 75.

[20]马晓君,李春江,宋汉君等. 地方高校新工科人才创新能力培养策略[J]. 湖北成人教育学院学报,2018,24(4):19 - 21.

[21]Xiaojun Ma, Chunjiang Li, Defu Shao. Status Quo of Research and Practice of Emerging Engineering Education in China[A]. Xiamen University Tan Kah Kee College、Hainan University、Sanya University. Proceedings of the 5th International Conference on Social Science and Higher Education(ICSSHE - 19)[C]. Xiamen University Tan Kah Kee College、Hainan University、Sanya University: 2019:4.

[22]Xiaojun Ma, Chunjiang Li, Hongwei Pan. Experience and Inspiration of Foreign Innovation and Entrepreneurship Education[A]. Xiamen University Tan Kah Kee College、Hainan University、Sanya University. Proceedings of the 5th International Conference on Social Science and Higher Education(ICSSHE - 19)[C]. Xiamen University Tan Kah Kee College、Hainan University、Sanya University: 2019:3.

[23] Defu Shao, Xiaojun Ma, Hanjun Song, Chunjiang Li, Xiubin Sun. On the Implementation Strategy of Students' Evaluation on Teachers' Teaching Quality [A]. Singapore Management University. Proceedings of the 2nd International Conference on Education, Economics and Management Research (ICEEMR - 2018) [Advances in Social Science, Education and Humanities Research (ASSEHR), VOL. 182][C]. Singapore Management University:2018:4.

[24]朱梦珂,周跃斌,吕智栋,袁丹妮,王欣欣. 基于 AHP 法的信阳毛尖茶内销影

响因素研究[J]. 茶叶通讯,2021,48(1):145-152+172.
[25]刁衍斌,于玺. 基于CIPP的新工科体验式创业教育评价体系[J]. 中国高等教育,2020,(10):37-39.
[26]王欣欣. 高校贫困学生就业过程中心理疏导问题研究[J]. 佳木斯大学社会科学学,2010,28(6):130-131.
[27]宋之帅,王章豹. 我国创新创业教育生态系统演进历程与发展趋势[J]. 中国高等教育,2020,(2):38-39+54.
[28]王欣欣. 谈钢琴教学创新模式的构建与思考[J]. 鸭绿江(下半月),2020,(3):78.
[29]芮鸿岩,刘大卫. 创业型大学的理论与实践探索[J]. 中国高等教育,2019,(18):47-49.
[30]王雁,张竹,李承霞. 中国高校开展创新创业教育的关键要素与基本模式[J]. 中国高等教育,2019,(17):44-46.
[31]邓建平. 创业教育模式建构的思考[J]. 中国高等教育,2019,(11):36-38.
[32]杨坤,许勇,赵景会,王欣欣,孙婉. 大学生精神成长中的心理健康教育与信息技术的融合[J]. 教书育人(高教论坛),2019,(15):48-49.
[33]李永山. 大学生素质教育课程体系的构建与实施研究[J]. 中国高等教育,2015,(11):53-55.
[34]王海亮,王欣欣,马文佳. 在实践中弘扬优秀传统文化加强高校思想政治教育的路径探析[J]. 佳木斯大学社会科学学报,2018,36(2):92-94.
[35]王欣欣. 第二课堂成绩单制度下高校学生创新创业型教育模式探究[J]. 经济师,2018,(2):218+220.
[36]邹建良. 探索大学生创新创业教育途径[J]. 中国高等教育,2015,(5):56-58.
[37]周祖翼. 加强创新创业教育 提高人才培养质量[J]. 中国高等教育,2013,(8):42-43+47.
[38]胡相峰,杨亚军,阎大伟. "融入式"大学生创业教育模式的建构[J]. 中国高等教育,2012,(17):45-48.
[39]雷朝滋. 关于推进高校大学生创新创业工作的思考[J]. 中国高等教育,2017,(Z2):57-60.
[40]林健. 引领高等教育改革的新工科建设[J]. 中国高等教育,2017,(Z2):

40－43.

[41]张兄武,徐银香. 探索分层递进式创业教育体系[J]. 中国高等教育,2016,(19):54－56.

[42]任泽中. 构建“纵横有道”的大学生创新创业能力培育体系[J]. 中国高等教育,2016,(12):60－62.

[43]杨增浩,王欣欣,沙尔望,高心妍,杨晨. 协同创新视域下的大学生创新能力培养[J]. 教书育人(高教论坛),2015,(21):40－41.

[44]朱柯锦,马近远,蔡瑜琢. 新工科背景下大学产教融合组织创新的影响因素及挑战[J]. 高等工程教育研究,2021,(2):39－46.

[45]黄俊,冯曰海,张德库,王克鸿. “新工科”背景下卓越工程师企业培养的实践与思考——以材料成型及控制工程专业为例[J]. 工业和信息化教育,2021,(2):66－70.

[46]徐晓飞,沈毅,钟诗胜. 我国高校新工科建设与教育模式创新实践的探索与思考[J]. 计算机教育,2021,(2):99－103.

[47]周凤瑾. 新工科背景下高校创新创业教育贯穿人才培养全过程的路径研究[J]. 南阳理工学院学报,2021,13(1):115－119.

[48]赵冬娥. 新工科背景下创新创业教育模式研究[J]. 黑龙江教育(高教研究与评估),2021,(1):1－3.

[49]王凤超,陈进,林晓艳,杨晶. 新工科背景下“三创”人才培养体系的探索和研究[J]. 科教文汇(上旬刊),2021,(1):82－83.

[50]焦连志. 基于 TRIZ 理论的新工科大学生创新型人才培养[J]. 创新,2021,15(1):107－116.

[51]丁汉林,朱国辉,国宏伟,宋清华. “新工科”背景下提升学生工程实践和创新能力的思考与实践[J]. 中国冶金教育,2020,(6):80－82＋87.

[52]李金土. 地方高校新工科人才创新创业能力培养模式探析[J]. 中国大学生就业,2020,(24):49－53＋64.

[53]张碧,刘洞波,施晓蓉. 面向新工科的大学生创新创业能力培养[J]. 河北职业教育,2020,4(6):87－90.

[54]孙虹,刘建中,刘沛平,司靖宇,高大明,高先和,徐泽忠,卢军.《中国制造2025》背景下基于产教融合协同创新视域的新工科实践教学体系研究与构建[J]. 教育教学论坛,2020,(49):299－300.

[55]邓小鸿,张耀平,刘惠文. 地方院校大学生创新工作室构建研究[J]. 高等工

程教育研究,2020,(6):45-49.

[56]操龙德,赵天宇. 新工科建设视角下地方高校工科大学生创新创业教育探究[J]. 安徽工业大学学报(社会科学版),2020,37(5):115-117.

[57]吴懋亮,郎咸集,宋明,李汝润. 新工科背景下大学生创新能力培养途径和实践[J]. 创新创业理论研究与实践,2020,3(19):147-148+151.

[58]胡博. "新工科"下高校创新创业人才培养质量提升机制[J]. 山西大学学报(哲学社会科学版),2020,43(4):132-136.

[59]葛慧林,周庆文. 新工科背景下高校创新创业教育探索与实践研究[J]. 高教学刊,2020,(19):51-53+57.

[60]詹松青. 论地方高校新工科创新创业人才的培养[J]. 闽南师范大学学报(哲学社会科学版),2020,34(2):96-101+110.

[61]娄丽艳. 新工科人才创意创新创业能力培养探索与实践[J]. 科技经济导刊,2020,28(18):137-138.

[62]珠杰,旦增卓玛,兰萍,拉瓜登顿. 新工科视角下的创新创业人才培养模式研究[J]. 高原科学研究,2020,4(2):103-108.

[63]陈龙,王安东,史玉琳,王登豪. 基于学科竞赛的新工科大学生创新能力培养与实践[J]. 当代教育实践与教学研究,2020,(11):156-157.

[64]奚雪峰,张兄武,付保川,吴征天. 新工科"五新"背景下 IT 人才创新创业能力培养体系探索[J]. 计算机教育,2020,(6):68-74.

[65]姚三刚. 新工科视域下的高校创新创业人才培养联动机制建设[J]. 创新创业理论研究与实践,2020,3(11):6-9.

[66]孙婕,尹国友,王居东,李华,樊铮钰. 新工科背景下应用型本科院校创新创业教育课程体系建设的研究与实践[J]. 教育现代化,2020,7(44):47-49.

[67]方志刚,杨帆,陈林,赵振宁,张伟. 新生工科实践及创新创业教育体系构建的探索[J]. 中国现代教育装备,2021,(5):79-81+87.

[68]李自成,文小玲,刘健,曾丽. "新工科"背景下产学研教协同育人实践教学体系研究[J]. 工业和信息化教育,2021,(3):25-28+32.

[69]贾国辉,李娜. 新工科背景下大学生创新创业培养模式改革研究[J]. 科学咨询(教育科研),2021,(3):296-297.

[70]"新工科"建设复旦共识[J]. 复旦教育论坛,2017,15(2):27-28.

[71]陈伟斌,林键. "一带一路"背景下新工科建设的思考[J]. 合肥工业大学学报(社会科学版),2020,34(4):134-140.

[72]顾佩华. 新工科与新范式:实践探索和思考[J]. 高等工程教育研究,2020,(4):1-19.

[73]张丽,姜月秋. “新工科”背景下应用型大学建设路径浅析[J]. 福建茶叶,2020,42(3):400-401.

[74]林键. “双一流”背景下理工院校哲学社会科学发展路径研究[J]. 南京理工大学学报(社会科学版),2019,32(5):61-66.

[75]钟登华. 智能教育引领未来:中国的认识与行动[J]. 中国教育网络,2019,(6):22-23.

[76]钟登华. 深入推进教育信息化2.0发展更加公平更有质量的教育[J]. 中国教育网络,2019,(5):11-12.

[77]钟登华. 将智能教育融入到教育现代化建设大局中[J]. 中国教育网络,2019,(4):8-9.

[78]韦英哲. “新工科”:依托产业优势,建设工科教育新范式[J]. 广东教育(综合版),2019,(3):26.

[79]许涛,严骊,殷俊峰,周斌. 创新创业教育视角下的“人工智能+新工科”发展模式和路径研究[J]. 远程教育杂志,2018,36(1):80-88.

[80]新工科建设指南(“北京指南”)[J]. 高等工程教育研究,2017,(4):20-21.

[81]“新工科”建设行动路线(“天大行动”)[J]. 高等工程教育研究,2017,(2):24-25.

[82]促进新工科建设与新高考改革融合发展[J]. 中国高等教育,2018,(6):64.

[83]马万华,匡建江. 英国高等教育政策改革趋势[J]. 中国高等教育,2018,(2):61-63.

[84]林健. 引领高等教育改革的新工科建设[J]. 中国高等教育,2017,(Z2):40-43.

[85]王百成,张显军,侯宇新,张显悦,王刚. 新工科视阈下地方本科高校应用型人才培养方案设计[J]. 黑龙江工程学院学报,2020,34(6):72-76.

[86]张碧,刘洞波,施晓蓉. 面向新工科的大学生创新创业能力培养[J]. 河北职业教育,2020,4(6):87-90.

[87]伍超. 新工科背景下地方高校工程教育改革探究[J]. 杭州电子科技大学学报(社会科学版),2020,16(6):66-70+76.

[88]刘行. 大学生创新创业教育的目标、原则及优化路径探讨[J]. 创新创业理论研究与实践,2020,3(21):74-76.

[89]张中楷. 强化高校创新创业教育 提升大学生就业能力[A]. 教育部基础教育课程改革研究中心.2020年"基于核心素养的课堂教学改革"研讨会论文集[C].教育部基础教育课程改革研究中心:教育部基础教育课程改革研究中心,2020:3.

[90]张苗玲,张桃. 大学生创新创业教育融入高校思想政治教育的研究[J]. 国际公关,2020,(12):42-43.

[91]陈晖. 以创新创业大赛为导引的大学生创新创业训练模式分析[J]. 人才资源开发,2020,(20):47-48.

[92]韩喜平,杨雪. 新时代大学生创新创业困境及教育路径[J]. 思想政治教育研究,2020,36(5):152-155.

[93]李宏. 基于工程教育专业认证背景下大学生创新创业能力培养研究[J]. 教育教学论坛,2020,(38):321-322.

[94]潘聪,陈思杭,丁佳俊. 大学生创新创业教育体系构建研究——以长江大学为例[J]. 商展经济,2020,(13):63-65.

[95]张碧,刘洞波,施晓蓉. 面向新工科的大学生创新创业能力培养[J]. 河北职业教育,2020,4(6):87-90.

[96]周铁米. 工匠精神影响下大学生创新创业教育模式创新研究[A]. 国家新闻出版广电总局中国新闻文化促进会学术期刊专业委员会.2020年第三届智慧教育与人工智能发展国际学术会议论文集(第二卷)[C].国家新闻出版广电总局中国新闻文化促进会学术期刊专业委员会:香港新世纪文化出版社有限公司,2020:2.

[97]张国强. 新时代高校大学生创新创业教育实施路径研究[J]. 教育教学论坛,2020,(46):130-132.

[98]侯端阳. 高校大学生创新创业教育现状分析与对策研究[J]. 发明与创新(职业教育),2021,(3):127-128.

[99]金俭. 应用型本科高校大学生创新创业教育研究[J]. 黄河科技学院学报,2021,23(3):92-95.

[100]钟美娥,周南. 基于科研成果转化的大学生创新创业能力培养模式构建[J]. 化工设计通

[101]Weigang Li,Yuzhu Zhu,Xiaojun Ma,Ning Wang,Liling Zhu. The Construction Mode of First-class Courses of Classroom Teaching under the Background of MOOC in Local Colleges[A]. Xiamen University Tan Kah Kee College、Hainan

University、Sanya University. Proceedings of the 5th International Conference on Social Science and Higher Education(ICSSHE - 19)[C]. Xiamen University Tan Kah Kee College、Hainan University、Sanya University: 2019:4.

[102] Shao Defu, Ma Xiaojun, Li Chunjiang. The Implementation Strategy to Reform the Training Modes of Engineering Applied Talents in Local Colleges and Universities[A]. Chongqing Technology and Business University. Proceedings of 2017 2nd International Seminar on Education Innovation and Economic Management(SEIEM 2017)(Advances in Social Science, Education and Humanities Research (ASSEHR), Vol. 156)[C]. Chongqing Technology and Business University:2017:3.

[103] Shao Defu, Ma Xiaojun, Li Chunjiang. The Research of the Training Mode of Innovation and Enterprise Capability of New Engineering Personnel in Local Colleges and Universities[A]. Chongqing Technology and Business University. Proceedings of 2017 2nd International Seminar on Education Innovation and Economic Management(SEIEM 2017)(Advances in Social Science, Education and Humanities Research (ASSEHR), Vol. 156)[C]. Chongqing Technology and Business University: 2017:4.

[104] Zhang Xingfu, Yang Abin, Ma Xiaojun, Li Chunjiang. Classroom Teaching Reform Based on the Quality of Personnel Training[A]. Proceedings of The 3rd International Conference on Social Science and Higher Education(ICSSH E - 17)(Advances in Social Science, Education and Humanities Research VOL. 99)[C]. 2017:3.

[105] Zhang Xingfu, Yang Abin, Ma Xiaojun, Li Chunjiang. Construction of Quality Assurance System for Engineering Specialty Based on Professional Certification [A]. Proceedings of The 3rd International Conference on Social Science and Higher Education(ICSSHE - 17)(Advances in Social Science, Education and Humanities Research VOL. 99)[C],2017:4.

[106] Ma Xiaojun, Zhang Ze, Liu Desheng, Wang Junfa, Li Xiaohai, Wei Tianlu, Li Chunjiang. Research on Innovative Entrepreneurship Education of Postgraduates Based on Coaching Technology[A]. Singapore Management University. Proceedings of 1st International Conference on Education, Economics and Management Research(ICEEMR 2017)(Advances in Social Science,

Education and Humanities Research Volume95) [C]. Singapore Management University:2017:4.

[107] Ma Xiaojun, Zhang Ze, Yan Ruihua, Pan Hongwei, Li Chunjiang. A Study on the Governance Structure of Modern Universities [A]. Singapore Management University. Proceedings of 1st International Conference on Education, Economics and Management Research (ICEEMR 2017) (Advances in Social Science, Education and Humanities Research Volume95) [C]. Singapore Management University:2017:4.

[108] Ma Xiaojun, Zhang Ze, Li Chunjiang, Yao Youjie, Song Hanjun. The Training Mode of Mechanical Talents Based on Professional Engineering Education Certification [A]. Singapore Management University. Proceedings of 1st International Conference on Education, Economics and Management Research (ICEEMR 2017) (Advances in Social Science, Education and Humanities Research Volume95) [C]. Singapore Management University: 2017:4.

[109] Desheng Liu, LiLi He, Chunjiang Li, Xiaojun Ma, Yunpeng Liu. Discussion on the Teaching Reform of CDIO and Intelligent Car Competition [A]. Wuhan Zhicheng Times Cultural Development Co., Ltd. Proceedings of 2017 the 3rd International Symposium on Social Science (ISSS 2017) [C]. Wuhan Zhicheng Times Cultural Development Co., Ltd: 2017:4.

[110] Desheng Liu, Zhiru Xu, Chunjiang Li, Xiaojun Ma, Lei wang. Reform and Exploration for Practical Teaching of Electrical Engineering and Automation [A]. Wuhan Zhicheng Times Cultural Development Co., Ltd. Proceedings of the 2017 International Conference on Economics and Management, Education, Humanities and Social Sciences (EMEHSS 2017) [C]. Wuhan Zhicheng Times Cultural Development Co., Ltd: 2017:3.

[111] Desheng Liu, Chunjiang Li, Siqing Tian, Xiaojun Ma, Jiamei Xue. Project Teaching for the Course of Digital Electronic Technology Experiment [A]. Wuhan Zhicheng Times Cultural Development Co., Ltd. Proceedings of the 2017 International Conference on Economics and Management, Education, Humanities and Social Sciences (EMEHSS 2017) [C]. Wuhan Zhicheng Times Cultural Development Co., Ltd: 2017:4.